フレディ・マーキュリーの恋

性と心のパラドックス

竹内久美子

文春新書

1209

フレディ・マーキュリーの恋——性と心のパラドックス◎目次

第三章　脳

第四章　謎が解けてきた！

本書は二〇一二年に刊行された
『同性愛の謎――なぜクラスに一人いるのか』の
増補改訂版です

はじめに　フレディ・マーキュリーと私

私は、いわゆる「クイーン世代」の人間である。イギリスのロック・バンド、クイーンが初来日した一九七五年四月当時には、一九歳。羽田空港に殺到した、一説には二〇〇〇人ともいわれる女性ファンの一人だったとしても不思議はないだろう。

私がどういう経緯でクイーンとフレディのファンになったかはいずれ述べるとして、かなりコアなファンであることは確かである。

そんなわけで世界的ヒットとなった映画『ボヘミアン・ラプソディ』については見るべきか否か、散々迷った。フレディが好きすぎる……。私の中のフレディ像が崩れてしまったらどうしよう、と恐れたのである。

とはいえこの本を世に出す以上、見ないわけにはいかないと、ついに決心した次第なのだ。

映画には当然というべきか、もの申したい部分が山ほどあったのだが、言うのは野暮というもの。ここでは二つの点にだけ触れておこう。

まず、よくぞ再現してくれたと感謝する点。それは曲づくりにあたり、メンバーたちが忌憚なく意見をぶつけあい、ときにはつかみあいのケンカに発展しそうになる場面の数々だ。

クイーンは一つのアルバムをつくる際に、メンバーのすべてが、何曲、何十曲と作り、持ち寄る。そうして互いの意見をとことんぶつけあい、切磋琢磨する。そうやって成長してきているバンドなのだ。初期だけでなく、最後の最後までそうなのである。この、クイーンの最大の長所を描き切っていることに唸った。

もう一つは、物足りなかった点だ。フレディの性的指向（どういう性を愛するか）について、大変重要な問題であるにもかかわらず、あまり丹念に描かれていないのである。運命の女性、メアリー、初期の恋人のポール、最後の恋人のジム。いずれの人物像もあいまいで、フレディがなぜその人を選んだのかがよくわからなかった。

そして主演のラミ・マレックさんには悪いが、フレディのあのオーラは、どんな俳優をもってしても再現不可能だと思い知らされた。

エンドロールでは実際のフレディが歌い、ピアノを演奏する「ドント・ストップ・ミー・ナウ」の映像が流れる。あの何かにとりつかれたかのような、狂気とパッションのほとばしりをいったい誰が表現できるだろうか。

フレディを演じられるのはフレディだけだ。実際、彼はフレディ・マーキュリーというキャラクターを演ずるために自身の持つ才能や感性のすべてを投入していたのではないかと思われる。ペルシャ系インド人、本名、ファルーク・バルサラとしての写真や動画を見ると、「写すのはフレディ・マーキュリーのときだけにしてくれよ」と言わんばかりにたいていははにかんでいる。

この本は、映画によってフレディ・マーキュリーを知った人にせよ、昔からのコアなファンであるにせよ、とにかくフレディという稀有な人物についてもっと知りたいと思っている人々に向けた私からのメッセージである。特に彼の、バイセクシャルであり、ゲイでもあるという性的指向が、どのような意味を持つのか、彼の人生や音楽にどのように関わったのだろう。そんな思いを抱いている人々には特に読んでいただきたい。

実を言うと本書は拙著『同性愛の謎——なぜクラスに一人いるのか』（文春新書）の増補改訂版であり、同書でも触れていたフレディと恋人との関係、「ボヘミアン・ラプソディ」の歌詞にも現れているように、彼がなぜ母親に対して強い思いを抱くのかなどについて大幅に加筆したものである。

進化論のパラドックス

本書ではゲイ、レズビアン、バイセクシャルなどについて、科学的な見地から論じている。そこはちょっと違うよという点、時には反感を抱く部分も登場するかもしれない。しかしここに記すことのほとんどはきちんとした科学の研究に基づく事実であり、証拠である。

これらの人々はまた、とかく特別視されがちだが、実際には特別視する必要も、わざわざ性的マイノリティーと呼ぶ必要もない、ごく普通の人々である。念を押すが、決して珍しい存在ではない。

そして巷間で言われる生物としての「生産性」が、ゲイにもレズビアンにもある。今、この段階では想像もつかないことかもしれないだろうが、はっきりと存在するのである。

ゲイやレズビアンの人々はたいていは自分では子をなさず、自分の遺伝子、特に同性愛行動に関する遺伝子のコピーをほとんど残さない。それなのに、なぜいつの時代にも増えもせず、減りもせずに一定の割合で存在し続けるのだろう――。

この問題は動物学や進化論の分野の最大の謎の一つであり、パラドックスであり続けてきた。しかし二一世紀になって急転直下のごとく謎が解け始めてきた。その真相は極めて単純にして明快なものだった。多くの人が知れば、これまで存在した偏見も特別視も、すべて一掃されるくらいの力となるだろうとも私は考えている。

本書ではこの最大のトピックスに向け、順を追って説明していくことにする。

映画では描かれていないフレディ

しかしまずは映画では描かれていないフレディについて、そして私がなぜフレディを好きにならずにはいられないのか、などしばしフレディ談義にお付き合いいただくとしよう。映画との違いにも注目していただきたい。

私が思春期以降に憧れたり、好きになったり、尊敬した人物には、なぜか男性同性愛者が多かった。

その中でも特に私が愛しているのは、フレディ・マーキュリーだ。没後三〇年近くたっても、どこかにひょっこりその姿を現わすのではないかと期待することがある。

フレディを好きになってしまう最大の理由は、彼の底知れぬ純粋さにある。ほとんど赤子のようである。

フレディ亡き後に、彼の最後の恋人、ジム・ハットンが書いた『フレディ・マーキュリーと私』（島田陽子訳、ロッキング・オン）を読めば、やはりそうであったかと、そこここで納得させられる。

ジムとフレディが出会ったのは、ロンドンの男性同性愛者のよく集まるバーである。一九八三年の暮れのことだ。そのときにはジムがフレディに、ちょっと声をかけられた程度だった。

「一杯おごらせてくれないか」

「いや、結構」

驚いたことにジムは、天下のフレディ・マーキュリーを知らなかった。

「今夜これからどうするのか」

「よけいなお世話だ」

ジムには当時、同棲している恋人がおり、その際にもいっしょだったが、フレディはジムに一目惚れし（とジムは書いている）、声をかけるチャンスを窺っていたという。ジムは実際、フレディがファンだったという俳優のバート・レイノルズに似た、がっしりとした体格の、なかなかいい男だ。ただの自慢話ではないようだ。

その後、ジムは恋人と別れるが、時々ロンドンのやはり男性同性愛者のバーへ出かけていた。

そして八五年、フレディの行きつけのバーで再び声をかけられる。

「僕がおごろう」

それからは当人たちにしかわからない微妙な経緯を踏み、ジムとフレディは本格的なつきあいを始める。八五年七月一三日に行なわれた、かの「ライヴ・エイド」の際に、フレディはエルトン・ジョンに僕の〝新しい恋人〟としてジムを紹介している。

「ライヴ・エイド」は、アフリカの難民救済のために催されたチャリティ・ライヴで、イギリスとアメリカで交互に進行し、世界中に衛星中継された。クイーンはこの催しで一番観客を沸かせたと誰もが認めており、聴衆を巻きこんだフレディのパフォーマンスはもはや伝説になっている。ジムはロック・スター、フレディ・マーキュリーを初めて目の当たりにしたのである。

しかしその数ヵ月後、ささいなことからジムはフレディと仲違いし疎遠になってしまう。ロンドンの高級ホテル、サヴォイの美容室の男性専門の美容師だったジムは、郊外の、母屋と棟続きの屋根裏部屋に間借りをしていた。

電話はない。大家のおばあさんの部屋の電話に呼び出してもらうのである。フレディは数週間にわたり、ほぼ毎日のように午前三時、四時というとんでもない時間帯に電話をかけてきた。

ばあさん、ついに堪忍袋の緒が切れる。退去命令だ。

すると、フレディ。

「心配することはないさ。ガーデン・ロッジに越してくればいい」

と、サウス・ケンジントンのお屋敷にちゃっかりジムを確保するのである。

これが世界的な名声を得ている、四〇歳に近い男がすることか！

最後の長期休暇

ジムにとってフレディは唯一の恋人だが、フレディにとってジムは多くの恋人のうちの一人だった。当然、すったもんだが繰り返されるが、ジムはついにフレディの唯一の座を獲得する。

その過程はどうやら、エイズウィルスに冒されているかもしれないとフレディが恐れ始める時期と重なっている。

ジムの本によると、フレディが意を決し検査を受けたのは一九八七年の春、イースターの少し前のようだ。ジムが故郷のアイルランドに帰省し、明日帰るからとフレディに電話をすると、「医者からひどいことを聞かされた」、「帰ったら話すよ」と言う。

前年の八六年、夏にはクイーンの、結果として最後になるツアーが行なわれた。秋には、フレディはジムを伴い、大好きな日本にお忍び旅行をしている。

東京では閉店後のデパートを借り切る。一階から七階まで四時間かけて縫うように歩き、陶磁器や漆器、和服などを買い占める。京都では舞妓さんや芸妓さんの稽古場を見学。木の手桶で体を流し、木の風呂に入る……。

それは、あらかじめジムに「生涯最高の休暇になるよ」と請け合っており、実際フレディにとっては健康な状態での最後の長期休暇となった。エイズの検査をしたのは、それから半年くらい後のことだ。

いつ発病したかについてはよくわからない。言うまでもないがエイズ（ＡＩＤＳ）とは、「後天性免疫不全症候群」（Acquired Immunodeficiency Syndrome）の略称で、本来なら免疫力によって抑え込めるはずの軽い感染症（日和見感染症）などを抑えきれなくなる。そうした症状が複数現れることが発病の目安となる。カポジ肉腫やカリニ肺炎（今はニューモシスチス肺炎と言われる）だ。

同書によると、八七年七月にはもう既にフレディのカポジ肉腫が目立つようになってきている。

八八年の後半には満足のいく歌声を出すことができなくなった。

オペラ歌手、モンセラート・カバリエとのデュエットで、九二年のバルセロナ・オリンピックの開会式で歌うはずだった「バルセロナ」は、九一年にフレディが亡くなり、デュエットは叶わなかった。

その「バルセロナ」をまさにバルセロナの地で、スペイン王室の方々を前にカバリエとのデュエットで披露した八八年一〇月には、口パクに頼らざるを得なかった。ところが、録音テープの速度が遅く再生されるという取り返しのつかない事態が発生したのだ。

この事件について単なるスタッフのミスだと思っていた私だが、久しぶりにジムの本を読み返してみると、故意だったのではないかと疑う気持ちが芽生えてきた。

当時のフレディはエイズ疑惑の人物としてゴシップ誌に絶えずつけ回されていた。もはやロパクでしかライヴはこなせないという情報を嗅ぎつけた悪意ある人物が、スタッフを買収し……？　実際、この本には「サウンド・テクニシャンのとんでもない裏切り」とある。

一方、ジムは感染したものの、発病には至らなかったようだ。彼は二〇一〇年の元日、六一歳の誕生日を目前にして亡くなったが、死因は少なくともエイズに関係するものではない。クイーンのギタリスト、ブライアン・メイのオフィシャル・ウェブサイト内の記事によれば、「喫煙に関係した病気を長らく患った後に」とある。

ジムは、フレディが検査を受け陽性とわかり発病してもなお、なかなか検査を受けようとしなかった。

もし陽性ならフレディから感染したことはほぼ間違いないから、フレディが罪の意識にさいなまれるだろう。陰性なら陰性で、自分だけは大丈夫ということになり、やはりフレディに悪い気がするからだという。

一九九〇年になってようやくジムは検査を受けたが、フレディが歩くのも困難になりつつある頃だった。

運命を分けたものとは？

何がフレディとジムの運命を分けたのだろう。彼らの免疫力の違いなのか？

フレディの死後、とても効果を発揮する薬がいくつも開発され、それらを活かす治療法も見つかった。そうして一九九六〜九七年頃から、新しく発病したり、死亡したりする者の数が激減するようになったからである。

その治療法は、カクテル療法（多剤併用療法）と呼ばれる。

エイズウィルスはRNAを遺伝情報とするウィルスである。RNAはDNAよりもはるかに塩基配列が変わりやすい。

そこで効力のある薬が開発されても、その薬一種類だけを投与していると、たちまちそれに対し、ウィルスが耐性を持つよう変化し、効かなくなる。しかし、いくつもの薬を組み合わせて、つまりカクテルして投与すれば、いくら何でもそれらすべてに耐性を持ったウィルスが現れることはまずないというわけだ。

カクテル療法は発病前ならもちろんのこと、発病してからでもかなりの延命効果があるという。

フレディの存命中にはＡＺＴ（アジドチミジン）という薬しか認可されておらず、実際彼もこの薬を投与されていた。

エイズウィルスは、ある種のリンパ球などの免疫細胞に入り込む（エイズが免疫不全を起こす病気であるのは、このウィルスが免疫細胞をターゲットとし、最後には破壊してしまうからだ）。

そして自らのＲＮＡを鋳型にしてＤＮＡを合成する。逆転写というステップだ。

ところがＡＺＴは、ＤＮＡの本来の塩基であるチミンと少し構造の違う物質であり、この逆転写の際に、チミンと間違わせて取り込ませてしまう。それによってその先のステップが阻止されるわけである。

ＡＺＴだけに頼らざるを得なかったことが、フレディのこの病気との闘いにおいて決定的に不利だったことはもちろんである。

その後、ＡＺＴと似た働きをする別の薬がいくつか開発された。

さらには、この逆転写に関わる酵素そのものの働きをブロックする薬もいくつか開発された。

そしてエイズウィルス本体にはある種のタンパク質が存在するのだが、それはいったんつくられたタンパク質の所々が切断されるというステップを踏んでいる。その切断のための酵素の働きをブロックすればよいというわけで、そのための薬もいくつか開発された。

カクテル療法とは今日、この三つのグループの薬の中からいくつかチョイスし、投与するものである。

ジムは、おそらくカクテル療法の恩恵に浴することができた。そのため、エイズを抱えつつも日本で言えば還暦を迎えるまで生き抜くことができたのだろう。

さてここから先は、ゲイやレズビアン、バイセクシャルについて、最新の科学研究によってわかったことを紹介しつつ、皆さんといっしょに謎の真相に迫っていこう。念を押すが、彼らは決して珍しい存在ではない。そして同性を愛することに関わる遺伝子が、そのコピーを残すうえで不利であるにもかかわらず、存在し続ける理由があるのである。

序章

世界三大珍味の一つ、トリュフを探すため、メスブタが使われてきた。

マツタケがマツに寄生するように、トリュフはブナやナラに寄生する。トリュフはマツタケと違い、地上には出てこないが、生長すると地面にわずかな割れ目をつくる。匂いはそこから漏れ出てくるのだ。

トリュフに気がついたメスブタは大興奮し、鼻でグイグイ地面を掘り始める。ほうっておけば、掘り出して食べてしまう。人は綱を引っ張り、ピーナッツなどの好物を撒いて気をそらす。彼女が食べている隙に、素早く掘り出すというわけである。

メスブタがトリュフの匂いにこんなにも夢中になる。それは、トリュフが発しているのが、他でもない、オスブタの性フェロモン、アンドロステノン（あるいは、それとよく似た物質）だからである。それが偶然なのか、はたまたオスブタの性フェロモンを発し、メスブタに食い散らかさせ、胞子をばら撒いてもらおうとするトリュフの戦略なのかはわからない。

このアンドロステノンや、それとよく似た物質は、実は人間の男の性フェロモンの候補にもなっている。いずれも男性ホルモンの代表格である、テストステロンがほんの少し構造を変えただけの代物だ。不思議なことにと言うべきか、いや必然である可能性の方が高いのだが、性ホルモンと性フェロモンとは紙一重の存在なのである。

この、長年にわたり論争がなされてきた、人間の男の性フェロモンについての問題が、近年、急展開を見せた。これら候補の中から頭一つ抜け出す物質がわかったのである。

アンドロスタジエノンだ。それは、次のような研究が行なわれたからである。

PET（陽電子放射断層撮影法）という医療技術がある。代謝や血流の盛んなところがわかるので、ガンの発見のための検診などで使われる。

スウェーデンのカロリンスカ研究所のI・サヴィックらは、二〇〇五年頃に次のような研究をしている。

アンドロスタジエノン（略してAND）の匂いを被験者にかがせ、PETによって脳の血流がどう変化するか、どこが興奮するのかを調べた。

するとＡＮＤによって女性異性愛者の視床下部の血流が増した。つまり興奮した。しかし、男性異性愛者の視床下部の血流に変化はなく、興奮しなかった。

視床下部は、大脳の下に位置する間脳の一部で、性的情動に関わる部分である。この結果によれば、ＡＮＤは間違いなく男の性フェロモンとして、女の脳を性的に興奮させている。ＡＮＤは男の性フェロモンであると言ってしまってもいいくらいである。

しかし、実のところを言うとこの研究は、男の性フェロモンが何であるかを突き止めるためのものではなかった。

男の性フェロモンの最有力の候補としてＡＮＤを採用した。その匂いに対し、男性異性愛者、女性異性愛者、男性同性愛者、女性同性愛者、の脳が、どう反応するだろうかということを調べたのである。

結果はＡＮＤに対し、女性異性愛者と男性同性愛者の視床下部が興奮した。しかし、女性同性愛者と男性異性愛者の場合には興奮しなかったのである。

一連の研究ではさらに、女の性フェロモンの最有力候補として、エストラテトラエノール（略してＥＳＴ。女性ホルモンの代表格である、エストラジオールと少しだけ構造が違う）を採用し、同様の実験をしている。

この場合には、男性異性愛者と女性同性愛者の視床下部が興奮したが、男性同性愛者と女性異性愛者の場合には興奮しなかったのである。

このように、男性同性愛者が男に惹かれるのは、一つには男の性フェロモン、ANDに対し脳の視床下部が実際に興奮しているからである。男に対し、本当に性的に興奮しているということが、脳を調べることで証明されたのである。

女性同性愛者の場合も同様で、女の性フェロモン（と言っても差し支えないことが、この研究によってわかった）、ESTに脳の視床下部が興奮する。女に対し、本当に性的に興奮していることが、やはり脳のレヴェルで証明されたのである。

この本では性フェロモンもさることながら、男女の性的指向（異性愛か同性愛か、バイセクシャルか）について論ずる。

特に、同性愛者（バイセクシャルも含む）は子を残しにくいのに、なぜ同性愛に関係する遺伝的性質が消え去らず、同性愛者が常に一定の割合を保ち続けているのかというパラドックスについてである。

実際、男性同性愛者（バイセクシャルも含む）は男性異性愛者と比べ、五分の一程度しか子を残さないとされているのだ。

自身もバイセクシャルであったアルフレッド・キンゼイのキンゼイ報告によれば、男の四％が生涯にわたり、同性とのみ関係を持ち、一三％が一六～五五歳までの間に少なくとも三年間は同性との関係があるという（後者の一三％はバイセクシャルの割合とみなして差し支えないだろう）。

この、生涯にわたり同性とのみ関係を持つという四％、またはそれに近い三％や五％という割合はその後のいくつかの調査でも登場する不思議な値（ちょうどクラスに一人程度）だ。

まるで自然の摂理が、生涯にわたって同性愛者であるという男はどんなに時を経てもこの割合を保ち続けるのだ、どうだ、この謎が解けるか、と我々に挑戦状を突きつけているかのようでもある。

ちなみに女性同性愛者の割合については、男性同性愛者のだいたい二分の一～三分の一くらいと言われている。

男性同性愛者の割合も女性同性愛者の割合も、決して異常の範疇に入るようなものではない。彼らは何らかの、意味のある個性を持った存在だと考えられるのである。

パラドックスを解くために、一九七〇年代半ばから様々な仮説が登場してきた。否定されたものもあれば、論争中のものもある。

しかしながら二〇〇四年、長年にわたるこの論争に、ついに決着をつけそうな仮説が現れた。いや、それどころではない。有史以来の謎――人間に限らない、動物行動の最大の謎でもある――が解けたと言っても決して大袈裟ではないのだ。

それは、「何で今まで誰一人としてこんな単純なことを思いつかなかったのだろう？何できちんと調べてみなかったのか？」というコロンブスの卵的発想によるものである。同性愛（この研究は男性同性愛に限っている）の謎のすべてではないが、一番肝心な点を説明していると思う。

さらにこの研究によれば、男性同性愛者の最大の特徴とも言える、女性的な感覚や、女が特に好きなもの（ファッションやメイク、花や編み物、料理、ダンス、音楽、文学、映画、芝居等々）を好む性質がごく自然に説明されることになるのである。

本書ではこうした同性愛のパラドックス解明の歴史だけでなく、同性愛者の体や脳の、構造や反応の仕方などについても紹介する。

一九九〇年代の初めから始まったこれら体や脳の研究は、ここ数年、ＭＲＩ（核磁気共鳴画像法）や先に紹介したPETといった、最新の医療技術を使うほどにもなった。

その際、これまでなかなか研究対象にならなかった女性同性愛者（男性同性愛者ほどには数が多くないし、性的指向が男ほどにははっきりせず、たとえば結婚して何人も子を産んで初めて自らの性的指向に気づくというケースさえある）についてのデータも得られており、男性異性愛者、男性同性愛者、女性異性愛者、女性同性愛者、の比較研究がいよいよ本格的に始まったのだ。

この本は同性愛者はもちろんだが、むしろ異性愛者に読んでもらいたいと思っている。特に、「彼らは繁殖していないじゃないか！」と考えている人々に。

本当の意味で繁殖していないのなら、同性を愛することについての遺伝的プログラムは残ってこなかったし、これからも残っていかないのである。

彼らはちゃんと繁殖している。繁殖していないように見えて、実はしている！

では、どのようにして？

第一章　男性同性愛者は超男性か、超女性か

女性ホルモンに、女性的に反応する脳

男性ホルモンに差はない

男性同性愛者は女っぽい性質を持っている傾向が確実にある。すべてがというわけではないが、あくまで傾向としてあると思う。となれば、彼らにおいては男性ホルモンのレヴェルが低いのではないかとまずは考えたくなってしまう。

ところが実際にはそうではなかった。一九八三年頃のことだが、ニューヨーク州立大学のB・A・グラデューらは男性同性愛者（バイセクシャルではない）、一四人、男性異性愛者、一七人について血液中のテストステロンの濃度を調べた。テストステロンは男性ホルモンの代表格だ。

すると平均で前者は、1ミリリットルあたり5・48ナノグラム、後者は5・40ナノグラムだった。

同性愛者の方が少しレヴェルが高いのではないかと思われるかもしれないが、統計的に

はこれは差がないと言える程度のものなのである。

この研究では女性異性愛者、一二人のテストステロン・レヴェルも調べられているが、この一〇分の一くらいだった（男性ホルモンは男にだけあるのではなく、女にもある。ただこのようにレヴェルが違い、テストステロンの場合、女は普通、男より一ケタ低いくらいの値が出る。女性ホルモンも同様に男にもある）。

そしてグラデューらはこのとき、こんな興味深い事実をも発見した。

そもそも女の月経周期は平均で約二八日である。月経が始まった日を第一日とすると、排卵は一四日目頃に起こる。

排卵から月経までの期間は個人による差はほとんどなく、約一四日だ。よって月経周期の個人差は主に、排卵が起こるタイミングが早いか遅いかによるのである。

その排卵がどのような仕組みによって起こるかだが、黄体形成ホルモンのレヴェルが突然、ビーンと上がり、これまたドーンと落ちて行く、その落ちて行く途中で排卵は起きるのだ。この全過程が、たった一日か二日。

とはいえ黄体形成ホルモンは、勝手にレヴェルが上がってしまうわけではない。

卵巣の中の卵胞が大きくなり、成熟する。つまりは排卵の準備が整う。すると卵胞からエストロゲンが大量に分泌される。ちなみに、エストロゲンは女性ホルモンのいくつかの総称だ。

エストロゲンは血流に乗って脳まで運ばれ、その作用により、脳下垂体から黄体形成ホルモンが大量に放出されるのである。

排卵のためにはまず、エストロゲンが大量に血液中に放出されなければならないのだ。

そこでグラデューらはこんな実験をした。

女に限らず男でも、エストロゲン・レヴェルが大幅にアップすると、脳はどう反応し、黄体形成ホルモンのレヴェルはどうなるのだろう。

この研究の被験者はそもそも健康で、過去九〇日間にピルを含むホルモン剤、神経系、内分泌系に影響を与えるような薬を飲んでおらず、お酒もほどほどにしか飲んでいない、ヴォランティアである。

繰り返しになるが、女性異性愛者、一二人、男性異性愛者、一七人、男性同性愛者（バイセクシャルではない）、一四人、という構成だ。すべてのグループが年齢は二一〜三七歳、平均二六歳となるよう調整されている。人種はすべてコーカソイドだ。

だから先の、男性同性愛者と男性異性愛者のテストステロンのレヴェルについては、きちんと同じ人種、同じ年代の者どうしで比較してみて、差が現れなかったという意味なのである。テストステロンのレヴェルは年齢や人種によって大きな違いがあるのだ。

では、女性ホルモンにはどう反応する？

彼らはまず四回にわたり、血液を採取される。各サンプルについて黄体形成ホルモンとテストステロンの濃度が測られ、それらの値を平均するのである。

この四回の採血が終わった後には、静脈注射によって大量のエストロゲンを投与される。その後四日間にわたり、血液中の黄体形成ホルモンのレヴェルがどう変化するかが追跡されることになるわけだ。

ちなみに女性の被験者の場合には、月経周期のうち、月経が終わってから排卵の直前までの期間の、なるべく早い時期を見計らって研究に参加してもらうことになっている。この期間の遅い時期だと、そもそも女本来の生理的メカニズムによって大量のエストロゲンが分泌され、黄体形成ホルモンのレヴェルも上がり始めるからだ（排卵後のタイミングでは研究に適さないことは言うまでもない）。

さて結果だが……女性異性愛者の場合には、エストロゲンを大量に投与されると黄体形成ホルモンのレヴェルがいったんは下がる（二四時間後）。しかしすぐに上昇に転じ、三〜四日後には本来のレヴェルの二倍にも跳ね上がってしまった。予想通りである。

男性異性愛者はと言うと……黄体形成ホルモンのレヴェルはいったん下がるが、その後緩やかに上昇し、四日でほぼ元のレヴェル近くに戻った。だが、本来のレヴェルを上回るなどということはない。

では、男性同性愛者はどうなのか。

男性ホルモンのレヴェルが男性異性愛者と差がないのだから、この件についても同じだろうか？　それともこの件については違うのか？

結果は……元のレヴェルを上回った！

ただし、いったん下がるのは女性異性愛者と同じだが、彼女たちほどには勢いよく上昇に転じない。ややもたもたした後に上昇し始め、四日後に本来のレヴェルの一・四倍にまで到達したのである。

ここで注目すべきは、エストロゲンの大量投与によって黄体形成ホルモンのレヴェルが本来の状態よりも上回るという現象は、少なくとも男性異性愛者にはないということだ。ところが男性同性愛者の場合には、元のレヴェルを上回るという現象が起きる。但し、レヴェルの上回り方は女性異性愛者ほどではない。

つまり、女であるなら排卵の一歩手前という生理状態にまで近づくというわけである（もちろん男なので排卵が起きることはない）。

これらの議論はすべて平均値をもとにしたものであり、個人差は問題にしていない。さらに男性同性愛者は個人差が大きいという傾向もある。

しかし少なくとも平均的に考えるなら、男性同性愛者は男性異性愛者と比べ、女性ホルモンに対する脳の反応の仕方が違う。いわば男と女の中間型だと言うことができるのだ。

これら一連の作用の中核をなすのは、脳下垂体から分泌されるホルモンと、それが合成される場所である視床下部である。視床下部は、大脳の下に位置する間脳の一部で、性的な情動にかかわる部分だ。

一九九〇年代になると性的指向と視床下部との関係を探る研究がどんどん進んでいくが、グラデューらはその先駆けとなる大変画期的な研究を行なったというわけである。

「今夜、いっしょに過ごしませんか？」――スラッシュ小説とボーイズ・ラヴ

スラッシュ小説は外国版「やおい」

二〇〇四年のこと、『女だけが楽しむ「ポルノ」の秘密』（キャスリン・サーモン&ドナルド・サイモンズ著）という本を翻訳した。

新潮社から出版された「進化論の現在」シリーズのうちの一冊だ（ちなみにシリーズ七冊すべてを私が翻訳している）。

著者のうちキャスリン・サーモンは当時心理学を学ぶ若い女子大学院生であり、ドナルド・サイモンズは心理学（特に性に関する）の大御所学者だ。

ただこの場合の心理学とは、進化心理学と呼ばれるもので、従来の心理学に進化論の観点が導入されている。

なぜこんな心理が進化したのか、こういう心理にどんな進化論上の適応的な意味があるのか、などと考えるわけである（たとえ直接適応的な意味がなくても、どこかで適応的な意味

のあることにつながっていれば、その心理は存在しうる）。

キャスリンは実を言うと、「スラッシュ小説」なるものの大ファンであり、読むだけでなく自分でも書き、愛好家仲間とネット上で議論をするほど熱心である。彼女は、スラッシュ小説にはまっている自分とはどういう心理の持ち主か、何か変態じみた好みを持ってはいないかと考え、ぜひ研究してみたいと大御所、サイモンズの門をたたいたのである。

スラッシュ小説とほぼ同じものが、日本にもある。「ボーイズ・ラヴ」、古くは「やおい」と呼ばれたものだ。

日本の場合には小説ではなく、マンガ（コミック）が主流であり、物語の中で愛しあうのは、少年どうしである。しかもキャラクターは大変有名なマンガから借り、背景についても借りてしまう。有名だから、誰でもキャラクターについても背景についてもよく知っている。そのため、そういう説明は一切抜きで話が進むのである。

スラッシュ小説も、たいていは有名な物語のキャラクターと背景を借りる。「スター・トレック」のカーク船長とミスター・スポック、シャーロック・ホームズとワトソン博士、刑事スタスキー＆ハッチなどだ。

スラッシュというのは、愛しあう二人の男の名前やイニシャルの間に、仕切り線の

「／」（スラッシュ）を入れて表わすことが多いからで、カーク＆スポックものなら、「K／Sもの」と表わされる。

スラッシュ小説ではこのように、愛しあうのは大人の男どうしであり、むしろおじさんと言っていいくらいの年齢である。このあたりにモンゴロイドの強いネオテニー的特性（ネオテニーとは子どもの特徴を保ちつつ、性的に成熟すること）とコーカソイドの、モンゴロイドほどにはネオテニー的特性は持たないという現象が反映されているのかもしれない。ともあれ最も肝心なことは、スラッシュ小説であれ、ボーイズ・ラヴであれ、書く（描く）のも読むのも、もっぱら女だということである。物語の中では男どうしが愛しあうというのに。

このあたりをファンである女たちはかなり気にしており、キャスリンの研究の動機ともなったわけである。

恥ずかしい話、私は「ボーイズ・ラヴ」も「やおい」も、まったく知らなかった。この本の原著を読み進めていくと、日本のやおいの先駆的作品として『エロイカより愛をこめて』が登場するが、「あれっ？　どこかで聞いたことがある」と思った程度なのである。

ただ、ちょっとだけ弁解すると、性に関する進化心理学の大御所、サイモンズですらスラッシュ小説の存在を知らなかった。一九九四年にキャスリンから初めてeメールを受け取ったとき、「それは驚き呆れ、言葉を失わせるような内容で、本当にそう言おうとしているのかを確かめるために私はゆっくりと読み直したほどだった」と述べているのである。

スラッシュ小説、あるいは、やおいは一九七〇年代の半ばに、アメリカ、カナダ、ドイツ、イギリス、オーストラリア、そして日本で、なぜか同時多発的に発生し、以後どんどん勢いを増してきている分野である。

もっとも二〇〇四年当時、私が近所の、コミックや雑誌に力を入れている書店で探した際にはなかなか見つけられず、困ってしまった。それもそのはずで、普通の目線では決して見つけられないような場所にそれらは半ば隠してあったのである。

しかしボーイズ・ラヴは今や、すっかり市民権を得、書店でも日陰の存在ではなくなった。

ところが、その市民権獲得とは裏腹に、愛好家は自分たちを「腐女子」と自虐的な呼び方をしている。自分は特別変わった好みの持ち主ではないか、と後ろめたさを感じているのだろう。

そんな方にこそ、『女だけが楽しむ「ポルノ」の秘密』を読んでほしい。その好みは決して特別なものではないのだ。

男と女の性行動の違い

スラッシュ小説についての私の翻訳本に触れたのは、スラッシュ小説の本質についてもさることながら、スラッシュ小説を巡る議論の中に、男性異性愛者、女性異性愛者、男性同性愛者、女性同性愛者についての有名な研究が登場すること。なおかつ、男性同性愛者にスラッシュ小説を読んでもらったらどんな反応が返ってくるか、という試みがなされているからである。

そもそも男と女で決定的に違うこととは何だろう？ 体ではなく、性行動についてだ。

それは、女は一度妊娠すると、出産、授乳、子育てと次々とスケジュールが待ち受けており、次の子を得るまでに数年が必要だということだ。

片や男はと言えば、一度射精したなら、次なる子を得るチャンスは精子が回復したときだ。数日、いや数時間のことだってある（子をつくる相手は、妻やパートナーだけとは限らないのだ）。

こうして女には産むことのできる子の数に限りがあるので、同じ産むならできるだけ質のよい男の子どもを産みたいと、相手の質を厳しく吟味することになる。そうやすやすとはオーケーしないのだ。

一方、男は数撃ちゃ当たる方式で、ダメで元々、どんどん女にトライすることになる。相手の女の質になんか拘る必要はないし、そもそも拘っていたらせっかくの繁殖のチャンスを逃してしまう。

と、こんなふうに男と女では全然論理が違うのである。

この事情の違いは、次なる大変有名な研究によって実証されている。

それは、ラッセル・クラークとエレイン・ハットフィールドの「今夜、いっしょに過ごさない？」実験だ。

研究は一九七八年と八二年の二回に分けて行なわれたが、いずれの場合も、まだエイズについて広く公に知られる前である。

実験の場所となったのは、アメリカのフロリダ州立大学のキャンパスで、まずは女子学生五人と男子学生四人を「サクラ」として仕込んでおく。彼らは特に美女やイケメンというわけではないが、カジュアルながらもこざっぱりとした身なりをしており、好感の持てる存在である。

このサクラたちが、平日の（その晩、被験者がデートする確率が低い）、天気のよい日に、授業と授業の合間のような慌ただしい時間帯を避け、一人でたたずんでいる学生（異性。それも魅力を感じた人物を選んでいい）に向かってまずこう言う。

「このキャンパスであなたのことがずっと気になっていました。とても素敵だということに気づいたのです」

さらに、次の三つの問いからランダムに選んで質問する。

※今夜、どこかへ出かけませんか？（デートヴァージョン）
※今夜、私の（ボクの）部屋へ来ませんか？（アパートヴァージョン）
※今夜、いっしょにベッドで過ごしませんか？（ベッドヴァージョン）

二つの研究をあわせると、男子学生九六人、女子学生九六人、計一九二人の被験者が集まっており、三つの質問はそれぞれ均等になされている。

さあ、結果はどういうものになっただろう。しばらく考え、予想してみてほしい。男と女でどう違うか。
……。
よろしいですか？
結果は次の通りだった（それぞれ受け入れた割合）。

	デート	アパート	ベッド（%）
男	50	69	72
女	53	3	0

アメリカの学生は、キャンパス内で知らない相手に突然告白されると、デート程度ならいいかなと、男も女も約半数がオーケーする。

ところが、セックスもあり、を匂わすアパートヴァージョンになると、女の受け入れ率が激減するのに対し、男の場合は増える。それどころか、あからさまなセックスの誘いであるベッドヴァージョンになると、女は〇でまったく受け入れないのに対し、男はもっと増えてしまうのである。

ベッドヴァージョンで男によっては、「何で今晩まで待たなくちゃならないのか」とか「今晩はだめだけど、明日ならいいよ」などという発言があった。セックスの誘いを断った少数派の男にしても、「ごめん、結婚しているんだ」とか「ちょっと人と会う約束があってね」などと残念そうに謝った。

一方、女はと言えば、「まさか、冗談でしょ！」とか「あなた、どうかしてるんじゃない？　ほっといてよ！」などと激怒し、呆れ返ってしまったのである。

そうすると同性愛者たちの間では、こうした性行動についてどのような傾向にあるのだろう。

男性同性愛者が「ロックスター並み」な理由

序章に示した脳の研究では、性フェロモンに対する視床下部の反応が、男性異性愛者と女性同性愛者が、そして女性異性愛者と男性同性愛者が、それぞれ似たようなパターンを示した。性行動についても、これとまた同じ組み合わせでパターンが似ているのだろうか。それとも今度は話が違ってくるのだろうか？

これもまた、エイズが広く公に知られる以前の研究なのだが、アラン・ベルとマーティン・ワインバーグはアメリカのサンフランシスコ湾岸の地域で男性同性愛者と女性同性愛者について調査した。

まずは過去一年間に、性交渉を目的に出歩いたことがあるかどうか、ということ。

男性同性愛者：ほとんどすべてが「ある」であり、相手となったのはほとんどの場合、見知らぬ人物だった。

女性同性愛者：一度でも出歩いたことがあるのは20％にも満たない。

次に、過去一年間に関係を持った相手の数。

男性同性愛者：50人以上が25％
　　　　　　　20人以上～50人未満が25％
　　　　　　　6人以下が20％
（7～19人は省略されているが30％となる）

女性同性愛者：大半が1〜2人

では、これまでに経験した相手の数。

男性同性愛者：100人以上が75％
　　　　　　　1000人超えが27％
（100人未満は省略されているが、25％）

女性同性愛者：大半が10人未満

これらの結果からわかるのは、性行動について、男性同性愛者は男性異性愛者と同じ傾向にある、どころか超男性とでも言うべき特徴を持っていること。一方で、女性同性愛者は女性異性愛者と同じ傾向にあるということである。

男性同性愛者が数撃ちゃ当たる方式であるのに対し、女性同性愛者は慎重に相手選びをしているのだ。同性愛にしろ、異性愛にしろ、それぞれの性に特徴的な行動パターンを示しているのである。

それにしても……男性同性愛者の相手の数はなぜこんなにも多いのか？

交わっても子ができないから気軽にセックスできるのだ、ということは理由にならない。子ができないことは女性同性愛者の場合も同じなのに、彼女たちは見知らぬ相手を次々求めたりしないからだ。

結局のところ、男性異性愛者は女性異性愛者に求愛するが、男性同性愛者は男性同性愛者に求愛する、という点がポイントだろう。

男性異性愛者が女性異性愛者に求愛しても、彼女は彼を厳しく査定するので、なかなかオーケーが出ない。

ところが男性同性愛者が男性同性愛者に求愛すると、その男は相手を厳しく査定する性質を持っていないので、たやすくオーケーが出る。よって男性異性愛者からしてみれば、よほどの性のつわものか、ロックスターやアイドル的人気の男くらいしか到達できそうもない数の相手を、ごく普通の男性同性愛者がものにすることができるのである。

スラッシュ小説には興奮しない

一連の研究の中でキャスリンは、スラッシュ小説の世界で愛しあうのは男だから、男性同性愛者もスラッシュ小説を楽しめるかもしれないと思いつき、サイモンズも、彼らに読んでもらってはどうかと提案した。

が、サイモンズは、男性同性愛者がこのように見知らぬ、多人数の相手との交渉を望む傾向があることをよく知っており、スラッシュ小説が、やはり女が大好きなロマンス小説（代表例がハーレクイン・ロマンス）に似ている点が多いことからすると、あまりいい反応は返ってこないだろうと予想した。

結果はサイモンズの予想通りだった。彼らはこんなのお話にならないじゃない、と鼻であしらい、「笑った」というのである。そして自分たちが本当に興奮するアダルトものとはこういうものだ、とキャスリンに見せた。彼女はそこに、スラッシュ小説やロマンス小説のような、女が好むジャンルになくてはならない、繊細な一対一のストーリーや慎重にプロセスを踏む様子、主人公の成長についての表現がほとんどないことに気づいたのである。

もっともその一方で、『ボクの彼氏はどこにいる？』（石川大我著、講談社文庫）では、書店の『やおい本コーナー』で立ち読みをすることは、いわば『僕はゲイですよ』と言っているようなもの」という件《くだり》があり、日本では事情が違うのかもしれない。

スラッシュ小説ファンの女に占める同性愛者の割合は、実は一般集団と同じくらいで、このジャンルが性的指向を問わない、女による女のためのものであることがわかる。恋愛にはプロセスが重要で、相手を厳しく査定する過程が必要だとする、異性愛、同性愛のどちらの女にも存在する特性がスラッシュ小説には色濃く現れているのである。たとえ物語の中で愛し合うのが男どうしであったとしても。

スラッシュ小説やボーイズ・ラヴにおいて、なぜ男どうしが愛しあうなどという不思議な設定がなされているのかについては、前出の私の翻訳書を読んでいただきたい。

汗の〝匂い〟は性フェロモン？――三島由紀夫と聖セバスチャン

『仮面の告白』を動物行動学的に分析

聖セバスチャンという殉教者を知っておられるだろうか？

キリスト教や世界史に疎い私は、最近になってようやく知ることになった。

三世紀後半、ローマ帝国の親衛兵長だった彼は密かにキリスト教に入信。いくつもの奇跡を起こし、多くの人々に改宗をすすめるなど、目立った活動をした。ローマ帝国は反キリスト教の立場をとっており、皇帝ディオクレチアヌスは彼に死刑の宣告を下す。

両手を縛りあげられ、むき出しとなった彼のたくましい上半身に無数の矢が放たれた。

そうして処刑からだいぶ時間がたったとき、ある敬虔な、キリスト教徒の女性が彼を埋葬しようとして体に触れた。

まだ温かい。息もある。

彼女の手厚い介抱のおかげで、セバスチャンは奇跡的に蘇生する。しかし回復してなお布教を続ける彼は、再び皇帝の怒りをかい、今度は本当に殴り殺されてしまう——。

実は聖セバスチャンの話は三島由紀夫の自伝的小説、『仮面の告白』（新潮文庫）を最近になって読み返して知ったのだ。何十年も前に読んでいるのに、この本の中で大変重要な役割をなす聖セバスチャンの件について、まったくと言っていいほど印象に残っていなかった。

しかし今回は、同性愛についての知識をいろいろと持ち、それも男の性フェロモンの最有力候補である、というか、もうそう言いきってもいいＡＮＤ（アンドロスタジエノン）を念頭に置きながら読んでみた。ＡＮＤに対しては女性異性愛者はもちろんのこと、男性同性愛者も性的に興奮する。すると小説自体が文字通り、不思議な匂いを放ち始めてきたではないか。

ＡＮＤは男の汗の中に多く含まれていて、男性ホルモンの代表格であるテストステロンが少し変化しただけの物質である。

ここで注意しなければならないのは、性フェロモンとはそもそも、匂いとしては感じられないほどの低い濃度でも、脳が性的に興奮する化学物質だということだ。

たとえば男の汗の匂いに性的に興奮すると言っても、匂いと感じられているのは性フェロモンそのものでなく、皮脂などが分解された物質であることの方が多い。しかし脳が性的に興奮するのは、たいていは匂いとしては感じられていないほど濃度の低い、性フェロモンの作用によるのだ。

三島由紀夫と「汗の匂い」

『仮面の告白』のなかで聖セバスチャンの絵は、「倒錯者の特に好む絵画彫刻類の第一位」であると、ドイツの性科学者、M・ヒルシュフェルト(一八六八〜一九三五)の言葉を引用して説明されている。「倒錯者」とはこの場合、男性同性愛者の意味である。ヒルシュフェルト自身、男性同性愛者であり同性愛について研究し、その原因が内分泌の特性にあり、生物学的な問題であることを主張している。そうして科学的な理解を深めることで、同性愛に対する法的な取り扱いを正当化させようとしたというのだが、それにしても倒錯者とは……。

同性愛が病気ではないとWHOが見なしたのが一九九〇年。ヒルシュフェルトについてはまだ時期が早すぎたというべきか。

では三島の場合、事情はどうかと言うと、この小説が書かれた一九四九年は、折しもキンゼイが男性についての性の報告をした翌年である。キンゼイは、完全な男性同性愛者の割合が約四%であり、少数派ではあるが異常という範疇には入らないことを明らかにしたが、それはまだ人々の耳には届いていなかっただろう。そもそも『仮面の告白』の主人公の少年時代にはまだキンゼイの「キ」の字も存在しない。三島としてはヒルシュフェルトを引用する他はなかったのである。

ともあれ一三歳の主人公は、その絵に性的な興奮を覚え、手が「しらずしらず、誰にも教えられぬ動きをはじめ」るのである。

この少し前には「半生を悩まし脅かしつづけたものの、最初の記念の影像」として三つのエピソードが語られる。どれもまだ五歳くらいの頃のことだ。

一つ目は、坂を下りてきた「汚穢屋《おわいや》——糞尿汲取人——」の若者。

地下足袋と紺の股引をはき、肥桶を前後にかついで、「足で重みを踏みわけながら坂を下りて来」る、汗まみれの男だ。汗まみれとは書いていないが、「汚れた手拭で鉢巻をし」とあるから、そうでないはずがない。

主人公は、汚穢屋という職業に直感的に何か「悲劇的なもの」を感じ、同時に紺の股引に浮かぶ、彼の下半身のシルエットに本能的に惹きつけられてしまう。

汚穢屋と似た感覚を地下鉄の切符切りにも見出し、地下鉄構内に漂う「ゴムのような薄荷のような匂い」が「悲劇的なもの」を連想させ、「そういう匂いの中で生活している人のことを、なぜかしら私の心に『悲劇的』に思わせた」とある。

汗ではないが、匂いに強い拘りがあることがうかがえる。

二つ目は、性フェロモンや汗とは直接には関係がないが、てっきり男だと思ってあこがれていた、ジャンヌ・ダルクについてだ。

白馬にまたがった美しい騎士が死へと立ち向かう姿に彼はうち震えるものの、女と知って愕然とする。彼にとっては、白いタイツをはいた騎士姿の美しい少年でなければ意味がないのである。

そして三つ目がずばり、汗の匂いなのだ。

主人公の家の門前を、練兵から帰る兵士たちが通る。彼らの軍靴の音やそれぞれの肩にかつがれた銃器には、男の子ならわくわくしても不思議はないのだが、彼が一番魅了されたのは、汗の匂いだった。

「兵士たちの汗の匂い、あの潮風のような・黄金《きん》に炒《い》られた海岸の空気のような匂い、あの匂いが私の鼻孔を搏《う》ち、私を酔わせた。私の最初の匂いの記憶はこれかもしれない。その匂いは、もちろん直ちに性的な快感に結びつくことはなしに、兵士らの運命・彼らの職業の悲劇性・彼らの死・彼らの見るべき遠い国々、そういうものへの官能的な欲求をそれが私のうちに徐々に、そして根強く目ざめさせた」

「その匂いは、もちろん直ちに性的な快感に結びつくことはなしに」と述べられているが、ということは逆に、直ちには結びつかなかったかもしれないが、成長の後には結びついたということだろう。その後の人生で三島は男の汗の「匂い」が性的な興奮を呼び起こすという経験を積んだに違いない（とはいえ性的に興奮させるのは汗の匂いではなく、たいていは汗に含まれているが、匂いとして感じられていない性フェロモンなのだが）。

学習院中等科三年になった主人公は、同級生に初めて恋をする。相手は近江という、良家の子息でありながら、不良少年という存在である。

あるとき体育の時間に、鉄棒の懸垂のお手本をやってみせなさいと、先生が近江に指示を出す。彼が上半身をランニングシャツ一枚となって鉄棒からぶら下がると、一同に「ほう」というため息が漏れた。

わき毛があまりにも豊かだからだ。

二度、三度と懸垂を繰り返すたびに、豊かな草むらが見え隠れする。主人公はこの光景に興奮し、ついには下半身に変化が現れてしまうのである。

懸垂の姿を少し離れた場所から見ているだけなので、匂いはわからないかもしれない。単に、たくましい肉体とわき毛という視覚的な刺激で興奮したのかもしれない。何しろ鉄棒にぶら下がった近江の姿は、主人公も述べているように聖セバスチャンを彷彿させるものだったからだ。

……。

もしかして？

こういうことなのだろうか。

聖セバスチャンの絵画が男性同性愛者に特に人気なのは、それが見事な若い男の裸体、しかも死に瀕した裸体（なぜかはわからないが、死と官能はしばしば表裏をなしている）というだけのものではないかもしれない。

両手を縛りあげられ、後で詳しく説明するが、わき毛という、男の性フェロモンが最も貯えられているはずの場所を露わにしているから。それを男性同性愛者は本能的に、または経験的に知っているからではないだろうか？

スウェーデン、カロリンスカ研究所のI・サヴィックらは二〇〇五年頃に、ANDを男の性フェロモンの最有力候補であるとしていたのだが、それは彼らの研究自体によっても証明されたようなものである。そしてその後の研究により、はっきりと性フェロモンと言ってよい段階に達している。

ANDは男の、精液やだ液にも少量含まれるが、汗に一番よく含まれる。それもわきの下や乳首、下腹部、肛門の周りなどにあり、そこに生えている毛と、分泌物の出口がセットになっているアポクリン腺から出てくると考えられる。

汗腺には二種類あり、エクリン腺とアポクリン腺だ。

エクリン腺は毛と関係なく存在し、人間では全身に存在するが、手のひらや足の裏には特に多い。指紋とはこのエクリン腺の開口部が隆起したもので、指紋に沿ってエクリン腺がずらずらと並んでいるわけだ。

分泌するのはほとんどが水で、少量のミネラルも含まれる（普通、汗が塩からいのはこのミネラルのため）。

それに対し、皮脂腺からの分泌物の出口と毛とがセットになっている汗腺がアポクリン腺である。

当然、単なる水やミネラルだけでなく、脂質やタンパク質なども排出されるが、この中にANDもよく含まれているはずなのである。

ほ乳類は普通、全身がびっしり毛に被われているので、全身にアポクリン腺が存在する。しかし人間ではいくつかの部分を除き、毛がないか、あっても産毛である。産毛の部分ではアポクリン腺は退化している。

よって人間では、わきの下や下腹部といった限られた場所にしか、アポクリン腺は存在しないことになるわけである。

エクリン腺もアポクリン腺も、その分泌物自体にはほとんど匂いはない。それらは皮膚にすみついているバクテリアによって分解され、初めて臭い匂いを発するのだ。しかも人間でアポクリン腺のある部分は（わきの下のように）湿りがちであるので、バクテリアがよく繁殖し、分泌物をより分解し、より臭い匂いを発生させているのである。しかもそもそもアポクリン腺からは皮脂という、分解されると強烈な匂いを発する物質が分泌されるのである。

人間の体のうち、アポクリン腺がある部分が同時に匂いを貯める場所であろうことは、それらの毛が他の体毛とは違い、縮れているという特徴からもうかがえる。縮れている方が、匂いを長くトラップさせていられるからだ。

そんなわけで男のわきの下というのは性フェロモン、ANDについて最も貯えられている場所と言ってもいいはずである。

聖セバスチャンは多くの画家の創作意欲を刺激し、おびただしい数の作品が存在する。ボッティチェリやダリも描いている。

三島由紀夫はと言えば、一九六八年、自らが聖セバスチャンに扮し、若き篠山紀信さんに撮影させている。矢は計三本で、わき腹と下腹に一本ずつ、残る一本は何とわきの下に刺さっている！

わきの下に矢が刺さっている構図のものは、私が見た限りにおいては一六〜一七世紀のイタリアの画家、グイード・レーニによる『聖セバスチャンの殉教』と三島版だけだった。レーニの構図を三島がまねたのだろう。聖セバスチャンの裸体の一番重要な部分はわき毛であると、彼は誰よりもよく知っていたのではないだろうか。

田山花袋と「女の匂い」

女の性フェロモンの最有力候補はEST（エストラテトラエノール）である。こちらについても、やはりサヴィックらの研究でほとんど証明されたようなものだ。

ESTは女の尿に多く含まれるが、ANDと同じように尿以外にも、あちこちから漏れ出ているとみてよい。

ちなみに性フェロモンについても、性ホルモンと同じことが言え、男の性フェロモンは男だけに存在するのではなく、女にもある。その濃度などが違うのである（もちろん男の方が濃度が高い）。

女の性フェロモンについても同様で、女だけでなく、男にも存在し、濃度などが違うのだ（もちろん女の方が濃度が高い）。

このESTが男を欲情させることが示されている文学作品はないものかと探したところ、田山花袋の『蒲団』がどうもそのようだということがわかった。学生時代にタイトルだけは習ったが（確か、自然主義文学の代表作品だと）、内容までは教えてもらえなかった。教えてくれていたら、さっそく読んでいただろう。

主人公は著者自身と思われる、既に名声を博した作家である。弟子入り志願の手紙が多く届くものまったく無視していたが、特別熱心に何通もの手紙を送ってくる女学生に、何か感じるところがあり、返事を書いた。

しばらくして田舎の素封家である父親同伴で現れた彼女は、予感通りの美貌の持ち主だ。それは、彼の三番目の子がお七夜を迎えた当日でもあった。

こうして男とその家族、使用人、そして彼女との共同生活が始まる。が、妻としては面白かろうはずもない。ほどなくして彼女は、独り暮らしをしている、妻の姉の家へ転居させられる。

それでも男の恋心は募るばかりで、実際、何らかの「チャンス」はあったのだが、踏み出せない。そうこうするうち彼女に恋人ができてしまう。

親御さんから預かった大切なお嬢さんに何かがあってはならぬと（自分のことは棚にあげ）、彼は若い二人の監督係となる。

が、そうはいかないのが男女の仲で、ちょっとの隙に「何か」が起き、発覚。彼女は田舎に連れ戻される。監督は不行き届きだったのだ。

女が残していった蒲団（敷き蒲団）と夜着《よぎ》（掛け蒲団）。夜着の襟のびろうどの部分は特に女の匂いが濃く残っていた。男は顔を埋め、なつかしい匂いに泣いたのだった。

第二章　遺伝子

双子の兄弟の一方が同性愛者なら他方は？――ベイリー&ピラードの調査

双子研究の歴史

同性愛行動（バイセクシャルを含む）には遺伝子が関係している、と言うとひどく驚く人がいる。

「ええーっ！　同性愛って遺伝するの？」

………。

人間も含め、動物の行動にはそれに関わる（つまり、その行動をとる可能性を高めたり、低めたりする）遺伝子が存在していて、それはもちろん一つだけとは限らない。環境からの影響がそれらに加わり、行動として目に見える形となって現れるのだ。

しかしそもそも、遺伝子という核になるものなしで、環境だけで何かの行動が引き起こされる、などということは考えにくい。ただの土にいくら水や肥料を与えても、何も芽生えてこないように。

同性愛行動にはどれくらい遺伝子の力が及んでいるのだろうか？

こういう問題を研究する際に、一番効力を発揮するのは、双子である。

一卵性双生児は、一つの受精卵が細胞分裂を繰り返しながらだんだん人間らしい形につくられる過程のごく初期にまっ二つに分かれた結果による。そこで遺伝的にはまったく同じと考えることができる。

片や二卵性双生児は、最初から卵は二つであり、それぞれが別々の精子で受精している。数年の間隔を空けて生まれるはずのキョウダイが同時に生まれたようなものである。

双子の研究では、たとえば別々に育てられた一卵性双生児が調べられることが多い。遺伝的にまったく同じ者どうしが、違う環境で育つ。そうすると、遺伝的要因と環境的要因とをはっきり切り離したことになるからだ。

こうして遺伝と環境がそれぞれどれくらいの影響力を持つのかについて、二卵生双生児との比較もしながら、実に様々な研究がなされてきたのだが、同性愛の研究ではなかなかそうはいかない。

少なくとも一方が同性愛者で、なおかつ別々に育てられている双子、という例を見つけるのがほとんど不可能だからだ。そこで双子の同性愛については、いっしょに育てられたケースで研究がなされている。

双子（男の双子）の同性愛行動について初めて調べたのは、アメリカのF・J・カルマンという遺伝学者で、一九五二年のことだ。

少なくとも一方が同性愛者とわかっている双子について、一卵性双生児、三七組のうち他方も同性愛者だったのは、何と三七組すべてだった。

二卵性双生児、二六組中では三組。

この結果によると、遺伝的にまったく同じである、一卵性双生児なら必ず両方とも同性愛者になることになり、同性愛は完全に遺伝のみによって決まる。環境は関係ないことになってしまう。

いくら何でも変だ。

それに、もしそうだとするなら二卵性双生児で二六組中三組（一一・五％）、というあまりに低い確率が説明できなくなる。遺伝的にまったく同じである一卵性で一〇〇％なら、同性愛に関わるいくつかの遺伝子をそれぞれ二分の一の確率で持つはずの二卵性なら、五〇％くらいになるはずではないだろうか。

どう考えても変だ。そもそも同性愛者かどうかの基準があいまいなのかもしれない。キンゼイらは、〇（完全な異性愛）から六（完全な同性愛）までの七段階に分けたスケール（物差し）を提案し、多くの研究がこの基準を採用している。

「〇」は完全な異性愛。
「一」は主に異性愛だが、偶発的な場合にのみ同性愛のこともある。
「二」は主に異性愛だが、偶発的以上に同性愛のことがある。
「三」は異性愛と同性愛とが同じ程度。
「四」は主に同性愛だが、偶発的以上に異性愛のことがある。
「五」は主に同性愛だが、偶発的な場合にのみ異性愛のこともある。
「六」は完全な同性愛。

カルマンの研究について詳しいことはわからないが、キンゼイのスケールを厳密に当てはめたものではなさそうである。少しでも同性に興味があるのなら同性愛者、などと同性愛側に大きくシフトさせた判断基準を用いたのかもしれない。
さらにこの一九五〇年代という時代には、同性愛が厳しく取り締まられ、精神病の一種とさえ考えられていた。カルマンは実際、被験者を精神病棟からも得ている。

双子が一卵性か二卵性かの判定もあいまいだとの指摘もなされている。

一九六八年には、L・L・ヘストンというイギリスの精神科医が調査に乗り出した。それによると、同性愛には遺伝、環境の両方が関係する。男の双子の一方がそうなら他方もそうである、というケースは、一卵性双生児、五組中二組、二卵性双生児、七組中一組だった。サンプル数が少ないのが残念だが、大きな進歩だ。

彼はまた、ある一四人キョウダイ（男も女も含まれる）を調べたが、その中に男の一卵性双生児が三組も存在した。うち二組はどちらも同性愛者、一組はどちらも異性愛者だったという。

そして同性愛の双子研究として初めての大規模で、信頼のおける研究はアメリカ、ノースウエスタン大学のJ・M・ベイリーとボストン大学のR・C・ピラードによるものだろう。一九九一年のことだ。

一卵性双生児では五二％

一九九〇年代になると、WHOが病気ではないと見なしたことでもわかるように、同性愛に対する世間の見方が、それまでの時代に比べれば、格段に変わってきている。研究者ともなれば、なおさら真剣にその意味を探ろうとした時代である。

まずは被験者集めであるが、ベイリーたちはゲイの雑誌に広告を出すことから始めた。一八歳以上の同性愛者（バイセクシャルを含む）で、双子の兄弟がいるか、あるいは親が子連れで再婚するか、養子を迎えるなどして義理の兄弟がいるという男。

義理の兄弟がいる場合には、彼といっしょに暮らし始めたのがせいぜい二歳くらいまでであるという条件がつく。遺伝的にはつながりはないが、育った環境はほぼ同じであるという条件にするためである。

さらに、ここが肝心なのだが、そういう双子のもう一方や義理の兄弟が、同性愛者であろうがなかろうが、とにかく電話をしてきてほしいという注意点がつく。

この点をよくよく押さえておかないと、「自分の双子の相方は同性愛者じゃないから、電話はしない方がいいんじゃないか」、「自分の義理の兄弟は同性愛者ではないから、この研究には向かないのではないか」、などという遠慮が入り、結果として研究が偏ったものになってしまうからである。

そうして電話をしてきた人物に対し、後日、一〜二時間のインタビューとアンケート調査をするわけだが、なるべく直接会って話すことを心がける。インタビューの中心となったのは、ベイリーのお膝元のシカゴ近郊の研究室だが、一九九〇年の夏には全米各地にまで範囲を広げ、インタビューを行なった。その結果、電話インタビューしかできなかったのは全体の三八％に留まった。

こうして自身の性的指向、双子の相方、あるいは義理の兄弟の性的指向などについて質問する。

しかる後、双子の相方、あるいは義理の兄弟と接触してもよいか、と承諾を得たうえで彼らに手紙を送る。そこにはいくつもの質問事項が記されている。

一週間たっても返事がないときには、催促の手紙を送り、一カ月以内にレスポンスがなければ電話をする。

結局、手紙二通を送ったにも拘らず返事がないとか、何度電話しても通じないとか、連絡はとれたが、研究に参加できないという意志を示したときには、それ以上の追及はやめにした。

ゲイ雑誌の広告で集まり、インタビューできた被験者は一六一人だった。これがそれまでの研究では到底得ることのできなかった、大変な数のサンプルであることがおわかりだろう。

このうち、双子の兄弟がいるという者が一一五人、義理の兄弟がいるという者は四六人だった。

彼らの双子の相方、あるいは義理の兄弟だが、全体の八割以上の者が研究に協力し、全部で一三五人だった。

うち双子の相方であるのが、九八人、義理の兄弟は三七人である。

この研究で問題となるのは、双子の一方が同性愛者なら他方はどうか、義理の兄弟の一方が同性愛者なら他方はどうかということである。

もちろん、双子が一卵性か二卵性かの判断もしなければならない。

さらには双子の相方、あるいは義理の兄弟の相方が、同性愛者かどうかの判定もしなければならないわけだが、雑誌の広告に応募してきた人物による、相方が同性愛者か否かの判断を採用することにした。

ともあれその後、いろいろと条件にあわない例を除き、サンプルの追加もするなどして最終的にこのような結果を得た。

一卵性双生児で一方が同性愛者（バイセクシャルも含む）であると、他方も同性愛者である確率は、五二％（五六例中二九例）。

二卵性双生児で一方が同性愛者であると、他方も同性愛者である確率は、二二％（五四例中一二例）。

義理の兄弟で一方が同性愛者であると、他方も同性愛者である確率は、一一％（五七例中六例）だった。

一卵性双生児では遺伝的にまったく同じであるにも拘らず、一方が同性愛者であるとき、他方も同性愛者になる確率はほぼ半分という結果なのだ。

彼らはいっしょに育っているので環境も共有しているという側面があり、まったくの遺伝的影響はもっと少ないのかもしれないが、遺伝子の及ぼす力について我々はかなり知ることができる。

同性愛に関わる遺伝子（同性愛者になる確率を高める遺伝子というべきか。それは一つではなく複数である可能性が高い）は、それを持っている、遺伝的にまったく同じ人間、二人のうちの約半分を同性愛者にする。

絶対にそうするわけではなく、半分しかそうしない。その程度の力でしかないのだ。

ところが、だ。この値を二卵性双生児、つまり普通の兄弟と遺伝的な近さは同じであり、同性愛に関わる遺伝子を二分の一の確率で持っている者たちの間での確率、二二％と比べてみよう。
するとと、同性愛者になる確率は二倍以上に増えてしまう。これこそが遺伝子の力なのである。

遺伝子の持つ力

遺伝子の力を問題にする者たちは、「遺伝子決定論だ。何でもかんでも遺伝子で決まってしまうなんておかしい」などとしょっちゅう批判にさらされている。けれど、誰一人として「遺伝子がすべてを決める」などとは言っていない。この例を見ていただければわかるように、遺伝子は行動に関しては影響を与えこそすれ、すべてを決めることなどありえないからだ。

しかし一卵性と二卵性の双生児を比較するならば、同性愛に関わる遺伝子は同性愛者へと導くかなりの力を持っていることがわかる。遺伝子の力とはそういうものなのである。

さらに、まったく血縁のない、義理の兄弟の間での確率、一一％の意味するもの。それは、赤の他人どうしなのに同じ環境で育つと、どちらも同性愛者になる確率がこれほどまでにあるということかもしれず、だとすれば、環境もかなり大きな力を持っているということになるのである。

どうやって同性愛遺伝子を増やすのか——ヘルパー仮説を検証する

血縁者の繁殖の手助け？

男性同性愛者（バイセクシャルも含む）は男性異性愛者に比べ、五分の一程度しか子を残さない。

そんな不利な状況であるにも拘らず、同性愛に関わる遺伝子、あるいは同性愛者になる確率を高める遺伝子が脈々と受け継がれている。

こういう、本人はあまり子を残さないのに、本人の持つ遺伝子がよく次代に受け継がれるというパラドックスを解こうとする場合、動物行動学やその周辺の分野の人々が真っ先に考えること。

それは、彼（彼女）は、自分の持つ遺伝子を、血縁の近さに応じた確率で持っている、血縁者の繁殖の手助けをしているに違いない。そういうルートを通じ、彼（彼女）の持つ遺伝子が次代によく受け継がれるのではないかということだ。

こういう現象は「血縁淘汰」と言われている。一九六四年にイギリスのW・D・ハミルトンが提出した考えだ。

ハミルトンはハチやアリのワーカー（働きバチ、働きアリのこと。メスである）がなぜ自分では子を産まず、母である女王に自分の妹をせっせと産ませているのかと考えた。詳しい説明は拙著『女は男の指を見る』（新潮新書）や『そんなバカな！――遺伝子と神について』（文春文庫）などを読んでいただきたいのだが、要はその方が何と、自分で娘を産むよりも、効率よく自分の遺伝子のコピーが残っていくからなのである。

我々人間にとっては女が自分で娘を産むのと、母親に妹を産んでもらうのとでは、遺伝子のコピーの残り方は同じだが、ハチやアリの世界では我々とは性決定のシステムが違っている。それが原因となってこんな摩訶不思議な現象が起きてしまうのである。

ハチやアリは極端な例だが、個体というものは血縁者を通じても意外とよく自分の遺伝子のコピーを残すことができる。自身が残す、直接のルートだけでなく、そういう間接的なルートも合計した遺伝子のコピーの残り方をカウントしなくてはならないのである。これが現在の進化論、動物行動学の中心をなす考え方なのだ。

そんなわけでアメリカのE・O・ウィルソンは大著、『社会生物学』（原著は一九七五年刊。邦訳あり）の中で、同性愛者は血縁者の繁殖の「手助け」をすることで、彼らが血縁の近さに応じた確率で持つ同性愛に関わる遺伝子（それは一つとは限らない。複数の可能性が高い）のコピーを間接的によく残しているのではないかと言っている。

この考えは後に、ウィルソンの「ヘルパー仮説」として有名になるが、実は彼のオリジナルのアイディアではない。

この分野の天才理論家である、アメリカのR・L・トリヴァースが既に七四年に発表しているし、ウィルソンは私信としても他の研究者から同じ考えを聞いている。彼自身も納得できるからこそ本の中で取り上げたのだが、何しろ『社会生物学』は大変なベストセラーになった。そうこうするうちウィルソンの「ヘルパー仮説」として定着してしまったのである。トリヴァースのような天才でなくとも、この分野の人間ならまず真っ先に考えることではあるのだが。

動物界にも広く存在

同性愛者のパラドックスについて、私もヘルパー仮説的に考えてみたことがある。

同性愛者はその優れた才能によって血縁者の繁殖を、経済的にはもちろんのこと、「彼はあの○○の甥なんだって」というような名声によってモテさせるなど、様々な形でサポートする。そうして同性愛に関わる遺伝子のコピーを間接的に残しているのではないのか。美術、音楽、文学、芸能などの分野における同性愛者の目を見張るような活躍ぶり。異性愛の同業者がアマチュアに思えるくらいの格の違いを感ずるにつけ、ますますそう思うようになったのである。

しかし、私はこの考えをすぐに撤回しなければならないことに気がついた。そもそも同性愛者のすべてがそれらの才能に恵まれているわけではない。そしてたとえ才能を持っていたとしても、彼らが活躍するためには何より、文化的に成熟した社会が背後に存在していなければならないのだ。

太古の昔から彼らがそのような形での血縁者の繁殖の手助けをできたわけではない。今の社会で血縁者の繁殖に貢献できても、太古の昔はそうでなかったのなら、今につながらないのである。

同性愛者が古代ギリシャあたりに突然変異によって現れた、というのなら私のような議論もありかもしれない（古代ギリシャは少年愛の時代と言われ、海野弘著、文春文庫の『ホモセクシャルの世界史』という本も話は古代ギリシャから始まる。もちろん同性愛についての記述が残っているのが、古代ギリシャ以降だからなのだが）。

しかし、同性愛は人間だけでなく、動物界に驚くほど広く存在している。多くのほ乳類では、オスもメスもたとえば数％くらいの割合で同性愛行動を示す場合がある。ボノボ（チンパンジーにとても近い類人猿）ともなると、オスもメスも全員がバイセクシャルと言っていいくらい、同性愛行動は日常的だ。もっともこれは今考えている同性愛行動とは別の文脈にあるものかもしれないのだが。

ともあれ、起源は想像する以上に古い。同性愛のパラドックスについて我々は、人間も動物であるという点から出発すべきだし、他でもない、繁殖そのものに関わり、その一つの断面であるということを念頭において考えを巡らせる必要があるだろう。

同性愛者はシャーマンとして血縁者の繁殖に貢献したとか、聖職者として血縁者に物心両面で繁殖の手助けをしてきたという考えを示す人々もいる。が、どちらも同性愛者が特殊な才能を持っていたり、特殊な立場に立っているときに限られるし、社会もある程度成熟している必要がある。私の、同性愛者が特殊な才能によって血縁者の繁殖の手助けをしているという考えと同じ問題点を抱えているのである。

その点からすると、同性愛者は単に血縁者の繁殖の手助けをするというシンプルな仮説、

「ヘルパー仮説」は優れている。そういうルートは太古の昔から現在まで連綿として存在しうるのだ。

このようにしてヘルパー仮説は長年にわたり、同性愛者（バイセクシャルも含む）がどうやって遺伝子のコピーを次の世代によく残すのかという問題について最も注目される仮説とされてきた。ところが、である。

アメリカ、ノースウエスタン大学のD・ボブローとJ・M・ベイリーは二〇〇一年にこんな研究を発表し、ヘルパー仮説を検証している。ベイリーは一九九一年に同性愛の双子研究を発表した、あのベイリーである。

家族との交流が少なく、心も離れている

ベイリーらは、異性愛の被験者については都市で配られる無料の出版物に広告を出して、同性愛の被験者についてはゲイの出版物にやはり広告を出して集めた。

パーソナリティ、認識力、興味、性行動についての研究をすること、薄謝進呈であることが記されている。そうして二〇〜四〇歳の男の被験者が集まった。

男性異性愛者、五七人、男性同性愛者、六六人なのだが、性的指向はまず本人の認識に

よって分類される。

続いて例のキンゼイのスケールが用いられた。この場合には、行動とファンタジーについてで、〇：完全な異性愛から、六：完全な同性愛までの七段階のスケールで評価する。同性愛グループでは、行動とファンタジーについて平均のスコアは五・六。異性愛グループでは同じく〇・一だった。

集められた被験者たちは、とても理想的な集団だということがわかるのだ。

二つのグループはまた、年齢、教育レヴェル、民族についても比較されるが、差はないと言えた。年齢はどちらも二九歳前後、教育レヴェル（教育を受けた年数）も、どちらも一五年前後、民族についても、どちらもコーカソイドが七〇％強という構成だった。

ただ、彼らが悔やんでいるのは収入について調べられなかったことだ。血縁者の繁殖の手助けをよくするかどうかの問題なので、当然調べたいところだが、聞ける限界というものがあったのかもしれない。

もちろん高収入であればあるほど、血縁者にもよくお金を回してあげるだろう（普通は）。そして両グループが収入面についても同じくらいのレヴェルに揃っていれば、純粋に同性愛者か否かと、血縁者を経済的によく援助するかどうかの関係がはっきりしたはずなのだ。

被験者はまず、次の四つの性質についてのいくつかの質問に対し、一（まさにその通りだ）から七（全然そんなことはない）まで、七段階の評価を自分で下す。

①家族への密接度

自分は家族にとってとても重要だとか、家族に対して近しいと感ずる、など。

②気前のよさ

お金をよくキョウダイに貸しているとか、臓器移植のように家族の命を助けるためなら大きな手術を受けることも厭わないと思っている、など。

③家族から何かを快く受け取るつもり

自分がお金に困っているとき、家族がよく助けてくれるとか、過去に家族が自分の職を探してくれたとか、キョウダイが、もし必要とあらばいっしょに住んでもいいよと言ってくれそうだ、など。

④オジとしての傾向

オイやメイにお金や物をあげたいと思うとか、実際に彼らの面倒をみているとか、彼らの教育費や医療費を援助している、など。

これら四つの性質だが、不思議なことに両グループで差がほとんど現れなかった。敢えて言うなら、異性愛グループの方が若干、気前がよく、家族からもよく助けられているということだ。家族との交流が同性愛グループよりもやや盛んということなのだろう。

次に、家族の中でも、父、母、一番年長のキョウダイ、一番年下のキョウダイ、という四人に絞り、こんな質問をする（本人が一人っ子であるとか、最年長、あるいは末っ子、そして親が片方しかいないとか、条件にあわない被験者は除いている）。

㈠これら四人の住んでいる場所から、それぞれどれくらい離れた場所に住んでいるか（マイルで）。

㈡彼らと、過去一カ月間に何回会っているか（電話で話した回数も含める）。

㈢彼らとの間で、過去一年間のうちにどれだけお金が動いたか（あげた、ともらった、の両方で。単位はUSドル）。

㈣彼らとどれほど心の距離があると感ずるか。一（とても近い）から七（とても離れている）までの七段階で答える。

やや意外なのは、㈠の、家族との住んでいる場所の離れ方は両グループでほとんど違いがなかったということだ。

そして㈡の、過去一カ月間にどれくらい頻繁に家族と接したかだが、ここでようやく差が現れた。
同性愛グループは異性愛グループよりも、電話も含め、父と母に会う機会が少ない。
父とは平均で、
男性異性愛者：11・1回に対し、男性同性愛者：4・8回。
母とは平均で、
男性異性愛者：16・5回に対し、男性同性愛者：9・5回。
しかし最年長のキョウダイ、最も年下のキョウダイとの会う機会についてはほとんど差がなかった。
㈢のお金の動きだが、両親についてはお金をあげる方についても、もらう方についても差がなかった。しかしキョウダイについては差があった。
同性愛グループは異性愛グループに比べ、最年長のキョウダイにあげるお金が少ない。
平均で、
男性異性愛者：140ドルに対し、男性同性愛者：59ドル。
最も年下のキョウダイ、つまり末っ子にあげるお金も少ない。平均で、
男性異性愛者：165ドルに対し、男性同性愛者：57ドル。

ただし両グループには、キョウダイからもらうお金については差がなかった。男性同性愛者はキョウダイからもらうだけもらっておきながら、あげる方はしぶっている。ちょっとケチなのだ。

そして(四)の心の距離。

一（とても近い）から七（とても離れている）までの七段階の自己評価によると、二つのグループは、父と最年長のキョウダイとで差が現れた。

父とは平均で、

男性異性愛者：3・2に対し、男性同性愛者：4・0。

最年長のキョウダイとは平均で、

男性異性愛者：2・9に対し、男性同性愛者：3・8。

同性愛グループの方が心の距離がある。

男性同性愛者は、自分に対して抑圧的な存在と考えられる、父と最年長のキョウダイとの間に心の距離がよりあるようである。

結局のところ、男性同性愛者は男性異性愛者と比べ、家族との交流が少なく、お金もあまりあげず、心も離れている傾向にあると言えそうだ。

となれば、である。血縁者の繁殖を助け、間接的に自分の遺伝子のコピーを残そうとしているのだという「ヘルパー仮説」には信憑性がなくなってくる。男性同性愛者が、特に最も年下のキョウダイという次の世代の血縁者にあまり協力的ではなく、むしろ男性異性愛者の方が協力的だという点はかなり決定的だ。

この結果にはまた、現代社会という要素が絡んでいる。

現代なら、人はどこにでも自由に住むことができる。故郷が嫌なら都会に出ていけばよい。

しかし工業化以前の社会なら、簡単に故郷を捨てるわけにはいかず、家族を始めとする血縁者とは、好む、好まないに関係なく、つきあわなければならなかっただろう。物心両面での援助をせざるを得なかったに違いない。

つまり現代社会では、そういう縛りがなく、異性愛者、同性愛者双方が持っている、本来の性質がより鮮明に引き出されていると考えられるのだ。

さらに地理的に離れていることは、現代では血縁者との交流やお金の流れを妨げるものではない。今や、人は地球の裏側からでも家族に電話したり、送金することができる。やろうと思えば簡単なこと。にも拘らず、男性同性愛者は家族との交流が活発ではない。

そして何より、一部の家族と心が離れていると感ずる度合いが男性異性愛者よりも大きいという決定的事実……。

「ヘルパー仮説」はこうして、次第に説得力を失ってきたのである。

同性愛の世界史——同性愛は本来、どんな社会でも当たり前だった

まさかオーストラリアの学者に、日本の同性愛についての歴史を教わることになろうとは……。

近代化、西洋化による差別と偏見

『同性愛の歴史』（ロバート・オールドリッチ編、田中英史＋田口孝夫訳、東洋書林）という、百科事典並みに分厚く大きく、重たい本は全一四章から成っており、それぞれの章は違う執筆者が担当している。第一三章になってようやく、中国、日本、インドの歴史に触れられるのだが、この章のタイトルは「アジアにおける欲望と同性間のまじわり」である。本全体としては主に西洋における同性愛の歴史が語られている。

西洋では古代ギリシャや古代ローマのように、同性愛がむしろ賛美された時代さえあった。ところが、まずユダヤ教が、そしてユダヤ教から派生したキリスト教とイスラム教が同性愛を厳しく取り締まるようになった。そうして差別や偏見だけでなく、投獄や処刑ま

でも行なわれるようになっていった。ただし貴族のような特権階級では大目に見られていたという。

西洋以外では、いずれの地域でも元来同性愛というものに(男女いずれの同性愛についても)、差別も偏見もないに等しかった。

それどころかアフリカや太平洋の島々では同性愛行動が男の通過儀礼の一つにさえなる場合があり、ネイティヴ・アメリカンの部族の中には異性の服装や髪型をする男装者、女装者が第三、第四の性に属するとみなされたりしていた。アフリカの一夫多妻の社会では、一人の男の妻たちの間で同性愛行動がごく普通に行なわれていた。

ところが近代化と称する西洋化や、宣教師によるキリスト教の布教、あるいは西洋人の移民により、突如、同性愛が罪悪とみなされるようになってしまった。

サハラ砂漠以南のアフリカ、北アフリカ、中東(北アフリカや中東の場合には、西洋化やキリスト教の布教によってではなく、主に七世紀にイスラム教が台頭してきたことによる)、アメリカ大陸、太平洋の島々、ニューギニア、中国、日本、インド、皆そうだというわけである。

どの執筆者からも一様に伝わってくるのは、言葉にこそ出しはしないが、西洋人としてまことに申し訳ない、と詫びているかのようなニュアンスだ。西洋化やキリスト教の布教が、それぞれの地域に根差した性のあり方を破壊しただけではなく、罪なき人々を不当に弾圧してしまった、と。

特にとんでもない例を挙げるなら、スペイン人が新大陸の先住民を虐殺する際に、彼らの男色を口実としたことだ（スペイン人たちの側にも必ず一定の割合で男性同性愛者がいたはずなのに）。

猟犬をけしかけ、女装の若者四〇人を食い殺させた。その際、新大陸の侵略自体をも、同性愛を口実に正当化させたのである。

日本は「極東のソドム」!?

日本について語られる第一三章は、エイドリアン・カートンというオーストラリア、マッコーリー（Macquarie）大学の歴史学者が書いている。

彼によれば、少なくとも平安時代の何人かの貴族の日記に、天皇や貴族が、踊り子や使用人、役者、美青年、異性装者と男色の関係を持ったことが記されているという。

九世紀初頭に中国から帰国した空海は、宗教だけでなく、男性同性愛の文化も輸入し、当然それ以前から存在していたはずの寺院での同性愛をより正当化した。寺院では年長の者と稚児とが交わり、年長者が能動的な役割の方を演ずる。

一三世紀の『宇治拾遺物語』には僧侶どうしの同性愛の記述があり、一四世紀からは「稚児物語」という小説のジャンルが登場する。年長の僧が年少の僧である稚児と交わり、やがてどちらかが（たいていは稚児の方が）悲劇的な最期を遂げる。残された方は一生をかけて弔い続けるというパターンだ。

こうした記述を見る限りでは、同性愛は一部の限られた人物たちの文化であるかのような印象があるが、もちろんそうではない。

記録にこそ残っていないが、同性愛は庶民の間にもずっと存在し続けていたはずである。それもおそらく、今日と同じような出現頻度で。

武士たちの間にも同性愛は盛んで（衆道《しゅどう》、または若衆道）、主君と若い家来の間に結ばれたその関係は、両者の絆を強めるだけには留まらない。特に、家来にとっては政治や戦について学ぶ貴重な機会となり、自身や縁者の出世にもつながった。この場合にも主君の方が能動的な役割を演じているはずである。

カートンが言うには、室町から江戸末期までの将軍の半分以上が同性愛関係を持っており、小姓や近習と関係を持っていた。

そんなわけで、一六世紀に日本を訪れたイエズス会の宣教師は、特に仏教界の同性愛を目の当たりにして「極東にソドムあり！」と、本国に報告したほどだ。ソドムは『旧約聖書』の「創世記」に登場する男色都市で、天罰によって滅ぼされてしまう。

庶民の同性愛については江戸時代になってようやく表だってくる。井原西鶴は『男色大鑑《なんしょくおおかがみ》』という短編集を著しているし、葛飾北斎は女どうしの交わりを浮世絵（春画）に描いている。

女形の歌舞伎役者とそのパトロン（多くは江戸や大坂の新興の商人）とが陰間茶屋（本来は男娼のいる店）へ忍ぶというのは約束事で、歌舞伎小屋の隣にはたいてい陰間茶屋が設けられていた。この場合、当然というべきか、パトロンの方が能動的な役割を演ずるのである。女形は美少年期を過ぎると、今度は女の相手をするようになる。

ところが時は明治となり、怒濤のごとき西洋文明の到来となる。同性愛は過去の忌まわしき風習、封建的な古い文化であるとみなされ、迫害の対象となってしまうのである……。

女の代わりとしての美少年

キンゼイの報告をもう一度確認すると、男性同性愛のみの男は四％、バイセクシャルは一三％である。

なのに、室町から江戸期にかけての将軍の半分以上が小姓や近習と同性愛関係を持ったと言われる。いったいどういうことだろう？

時代によってパーセンテージが変わると言ってしまえばそれまでだが、私は違うと思う。なぜなら、寵愛される小姓たちは、まず間違いなく美少年であり、司馬遼太郎さんが室町時代のある近習を指して言っておられるのだが、「女に見まがうほどの容色」の持ち主だからである。

さらに寺院での同性愛も、多くの場合、僧の相手は稚児、つまり子どもである。歌舞伎のパトロンが愛する女形も、美少年限定である。

いずれにしても男なのに女に見えるほど美しいか、まだ子どもであり、大人の男の特徴を持つに至っていない、ということなのだ。

ちなみに女の特徴は子どもの特徴に通じている。きめ細やかな肌、美しい髪、ふくよかな唇、脂肪の多い体、小アゴ、エラの張らない顔、顔の下半分が伸びておらず、丸顔である。

とすれば、これら同性愛は本当の同性愛とは言えないのかもしれない。特に、戦場や寺など、女がいない状況では、女を相手にしていると自分を錯覚させたうえでの同性愛……。相手があまり女っぽくないとしても、異性装の者も対象になることもある。とすれば、これらの行為はますます女と錯覚させたうえでのものではないかという気がしてくる。

一九世紀末のこと、ドイツのヴィルヘルム・フォン・グレーデン男爵は結核の治療のためにイタリアのシチリア島に移り住み、美少年の裸体写真を撮ることを趣味としていた。ヘルパー仮説のセクションで登場した『ホモセクシャルの世界史』にはこの男爵による、緩くウェーヴのかかった長い髪を花で飾った、一二歳前後と思われる美少年が一糸まとわぬ姿で微笑んでいる写真が載っている。ある領域さえ隠せば、「美少女」である。

そして変な話だが、私が男だったとして、これなら……！　という妙な確信がある。それくらい美しいのだ。

将軍や武将たち、僧たち、そして歌舞伎のパトロンたちが愛した対象は（本当の同性愛もあっただろうが）、たいていは同性愛の対象としての男ではなく、女の代わりとしての男だったのではないだろうか。

愛される側の男が同性愛者かというと、やはりまた違う場合も多かったのではないだろうか？

小姓や近習にとって、主君の相手をするか否かには自身や一族の出世が絡んでいたし、稚児に至っては拒否することさえ叶わない。女形の役者にもほとんど避ける道はない。相手はスポンサーなのだ。

実際、伝説のバレエダンサー、ヴァツラフ・ニジンスキーは、自身と家族の生活のためにバレエ団の主宰者、セルゲイ・ディアギレフのパートナーとなっていた時期もあるくらいだ。

男性同性愛にはしばしばこのような側面があり、本当の同性愛とは区別すべきではないかと思う。とはいえその境界線はどこまでもあいまいだ。

同性愛遺伝子はどこにある？

行動や性格の遺伝子

「行動の遺伝子」、「性格に関わる遺伝子」などと誰かが口に出したとする。冷静な人、温厚な人として誰もが認める人物が豹変。突如頭から火を吹いたように怒り出す。

こんな信じられないような光景を、私は何度も目撃したことがある。

姿形が遺伝子によってつくられるという点には、まず誰も反論しない。

親子、キョウダイは、見る角度によって、あるいは何気ないしぐさの折に、「うわあ、お父さんに生き写し」などと気味が悪いくらいに似ている瞬間がある。

一卵性双生児ともなると、身内や長いつきあいのある者は別として、初対面ではほとんど区別がつかない。

遺伝子の力をまざまざと見せつけられるのである。

ところが、行動や性格の遺伝子、と言うや否や、一部の人たち（しかもほとんどの場合、男の学者）が、そんなものあるはずがない、と怒り出すのである。

それらの人々は行動や性格が、神経系の発達や、神経伝達物質の量、神経伝達物質の受容体の数や感受性の問題、あるいはホルモンについての、神経伝達物質と同様な問題であることを知らないのだろうか？　いや、学者、それも生物系の学者などが怒り出すケースがあるのだから、単に知識があるかどうかの問題ではなさそうだ。

私が知る限り、怒り出す人というのは少なくとも、これから論じようとしている同性愛行動のような、デリケートな問題の当事者ではない。当事者ではないのに、いや、当事者ではないからこそだろう、「同性愛行動についての遺伝子」と聞くや、そんなものあるはずがない、それは差別や偏見につながる、と上から目線で主張し始めるのである。

「暴力遺伝子」の解明

人間の行動の遺伝子の発見として、初めてセンセーションを起こしたのは「暴力遺伝子」である。一九九三年のことだ。

このときにも差別につながる、と叫んだ人々が実際に数多くいた。

彼らは知っていただろうか。後に暴力遺伝子と呼ばれることになるものを見つけてほしいと研究者に懇願したのが、当事者たちであることを。もっともこの場合は、男の一部が時に凄まじいばかりの暴力を振るうという家系の女たちである。

話は一九七八年に遡る。オランダのある病院の産婦人科を、若い女性が母親同伴のもと相談に訪れた。

彼女の一族では、女はまったく問題ないが、一部の男が時々問題行動を起こし、激しい暴力を振るうという。軽い知的障害もある。

ある男は自分の妹をレイプし、精神病者用の施設に入れられた。そこでも問題行動を起こし、他の入所者とケンカをしたり、農作業中に、「もっとしっかり働きなさい」と注意した監督者に熊手で襲いかかったりした。

別の男は上司を車で轢き殺そうとしたし、他にも放火犯、性器の露出症、覗き見趣味の男もいる。

ところがこういう暴力性は常に現れているわけではなく、彼らは普段はおとなしい。よく眠れなかった日の後などに暴力の爆発する時期があるという。

彼女の悩みとは、女の子なら産みたいが、男の子を産むのは怖いということだった。

この一族は五代にも遡って記録が残されていて、女は全員問題なし。男のほぼ半数（一四人）に問題があり、その遺伝の仕方は母親を通じてのものになっている。

　こういう遺伝のパターンは伴性《ばんせい》遺伝と言い、問題の遺伝子は性染色体のXに乗っていると考えられる。

　人間には二二対の常染色体と一組の性染色体がある。

　性染色体は男でXY、女でXXの状態である。

　男は父親からYを受け継ぐ都合上、Xは必ず母親由来のものを受け継ぐことになる。このX上に問題の遺伝子があると、男では症状が現れてしまうのだ。

　一方で女が全員セーフなのは、性染色体がXXだからだ。

　どちらのXにも問題の遺伝子が乗っていなければ、もちろん問題は起こらない。

　そしてたとえ問題の遺伝子を乗せているXを一つ受け継いでいても、もう一つの正常なXがちゃんと働くので、問題が発生しないようになっているのである（ちなみに、二つのXのどちらにも問題の遺伝子が乗るという事態は、この一族のようなケースでは近親交配を行なわない限り起こり得ない）。

　伴性遺伝の例として有名なのは、色覚異常、血友病の遺伝子などだ。

　ともあれ、この母娘はその後、真相が知りたいといくつかの研究施設を訪れたが、願いは叶わなかった。行動や性格についての遺伝子の研究に対し、批判や嫌悪感を持つ人々が今以上に多かったし、研究の技術も追いついてはいなかった。

そうして一〇年が経過した一九八八年のこと、ついに願いが叶う日が訪れる。やはりオランダのH・G・ブルンナーらが、遺伝子の調査を引き受けてくれたのだ。研究は九三年に発表された。

原因は意外なほど単純なことだった。問題のある男たちは、セロトニンなどの神経伝達物質の分解がうまくいかないのだ。

それらを分解する酵素、モノアミンオキシダーゼ（正確にはモノアミンオキシダーゼA、略称、MAOA）が機能していないことがわかった。

神経伝達物質がうまく分解されないのなら、彼らが感情的に不安定になるのも当然だろう。

しかもMAOAの遺伝子が「暴力遺伝子」に変貌するのは、たった一個の塩基が他の塩基に置き換わったことによることもわかった。

こういうふうに一つの塩基が他の塩基に置き換わるという現象（SNP、スニップと呼ばれる）は誰にでも起きていて、それはもの凄い数にのぼるのだが、置き換わったとしてもたいていは何ら問題が発生しない。

この一族の場合には、運の悪いことにMAOAの、一つの塩基が置き換わったことにより、MAOAの働き自体が失われるという重大な現象が発生してしまったというわけである。

ともあれ、原因がはっきりした以上、治療法も開発されるだろうし、出生前診断により女は産むか産まないかの決断も下せる。特に重要なのは、この一族の男でも、症状が現れていないならこの遺伝子を持っておらず、迷うことなく子をつくることができるということだ。

行動に関わる遺伝子を突き止めることは、差別どころか新たな展望につながる。しかも遺伝子について知りたいと思っているのは、まさしく当事者たちなのである。この家系の男たちに特徴的な症状はブルンナー症候群と呼ばれるようになった。

母から息子へ

同性愛の遺伝子についての発表がなされたのも、同じ一九九三年のことだった。研究したのは自身も男性同性愛者であることを公表している、アメリカ国立衛生研究所(NI

H）のD・H・ハマーとその同僚である。ハマーも当事者なのだ。

ハマーらはまず、同所のクリニックに通う男性同性愛者七六人にインタビューをした。彼ら自身のことと、血縁者についてである。彼らは全員、エイズの治療のために通院している。

血縁者のうち、父親も同性愛者だという例は一つもなかった。男性同性愛者は子を残さないから、男性同性愛者の父親が同性愛者でないのは当たり前、と思われるかもしれない。

が、それは間違いで、同性愛者と言った場合、普通、バイセクシャルも含める。言うまでもないことだが、バイセクシャルの男は同性愛行動と異性愛行動を並行して、あるいは時期をずらして行なっている。そして何度も言うようだが、男性同性愛者は男性異性愛者に比べ、子を残す確率が五分の一程度でしかない。にも拘らず、同性愛行動に関わる遺伝子、同性愛行動をとる確率を高める遺伝子（一つとは限らない。たぶん複数）がよく残っているのはなぜか、と考えなければならないのである。

ともあれ、男性同性愛者の父に同性愛者がいないということは、同性愛に関わる遺伝子は父から息子へのルートでは伝わらないことを意味するのだろうか？

この結果だけではまだわからない。
そこで次に、彼らのオジやイトコにまで範囲を広げる。すると、こんなはっきりとした傾向が現れた。

父方のオジ、一一九人のうち同性愛者は二人（1・7％）。
母方のオジ、九六人のうち同性愛者は七人（7・3％）。

父方のオバの息子（つまり男のイトコ）、八四人のうち同性愛者は三人（3・6％）。
母方のオバの息子（同じく男のイトコ）、五二人のうち同性愛者は四人（7・7％）だった。

母方の男の血縁者に同性愛者が多いようだ。しかも次に示すように、母方であったとしても、いったん父→息子というルートを経ると、母方であることの効果が消えてしまう。

父方のオジの息子、五六人のうち同性愛者は三人。
母方のオジの息子、五一人のうち同性愛者は二人。

どうやら男性同性愛に関わる遺伝子のうち最も重要と思われるものは、母から息子へと伝えられているらしい。父から息子へは伝わらないようだ。

とすれば、件の暴力遺伝子や色覚異常、血友病の遺伝子と同じパターンであり、男性同性愛に関わる一番重要な遺伝子も、性染色体のXに乗っているのではないだろうかということになるのである。

もしかすると誤解をしておられる方もあるかもしれないので、ここでちょっと説明をしたい。暴力遺伝子、色覚異常の遺伝子、血友病の遺伝子……と並べると、我々は何だかネガティヴな遺伝子ばかりで構成されているかのような印象を持たれるかもしれない。

しかしそもそも人間の遺伝子の研究については、遺伝病に注目するところから始まったのだ。

たとえば暴力遺伝子についてだが、本来は神経伝達物質を分解する役割を持つ、MAOAという酵素の遺伝子だったのが、塩基が一カ所置き換わったために、正常なMAOAをつくれなくなった。そのために暴力遺伝子と呼ばれるものへと変貌しただけで、本来はMAOAの変異型の遺伝子と言うべきものなのである。

色覚異常、血友病の遺伝子についても同じように考えられる。

色覚異常の遺伝子にしても元々は、緑と赤の色覚に関係する、それぞれの色についてのオプシンと呼ばれるタンパク質の遺伝子である。それに変異が起きて色覚異常の遺伝子と呼ばれるようになった。

血友病の遺伝子も同じように、元々は血液凝固因子（やはりタンパク質）の遺伝子である。それに変異が起きて血友病の遺伝子になった、というだけなのである。

同性愛遺伝子はX上のどこにある？

男性同性愛の遺伝子はX上のどこにあるのだろうか。ハマーらはこんな正攻法で取り組んだ。

二人とも同性愛者であり、二人ともこの同性愛に関わる遺伝子を持っていると考えられる兄弟をできるだけ多く集める。

彼らについて、X上にあって、それらが存在する場所が既にわかっている一連の塩基配列（マーカーという。人によって配列が所々で違う）を調べる。マーカーは言わば一里塚のようなものと考えていただきたい。決して等間隔に存在するわけではないが、どこら辺に何があるかがわかっている目印である。

これらのマーカーのうち、どのマーカーを二人が共通して持っているかを調べるのだ。なぜそんなことをする必要があるのかというと、母親のXを息子は丸々一本受け継ぐのではないからである。

女の生殖細胞ができる際、二つのXには途中に切れ目が入り、互いに対応する箇所を交換する過程がある（交差）。

だから兄弟のXは互いに、微妙に違った構成になっている。

ただ、一つだけ言えるのは、二人とも同性愛者であり、同性愛遺伝子を持っているのなら、そのごく近くにあるマーカー、つまり一里塚も共通のものを持っているはずだということだ。

Xのどこに切れ目が入るかは、その時次第でまったくわからない。しかし近くにある遺伝子どうしほど、間に切れ目が入る確率が低く、遠くにある遺伝子どうしほど、間に切れ目が入る確率が高い。だから近くにある遺伝子どうしほど別々にならず、いっしょに時間の旅をしていく可能性が高いのだ。

兄弟で同性愛遺伝子を共通して持っているのなら、そのごく近くにあるマーカーたち、つまり一里塚たちもいっしょに時間の旅をしているはずなのである。

こうして彼らが共通して持っているマーカーから、逆に同性愛遺伝子のありかを探ることができる。同性愛遺伝子は、それら共通のマーカーたちのエリア内のどこかに存在しているはずなのだ。

兄弟は四〇組集まった。彼らのみならず、彼らの両親にも協力を仰ぎ、血液を採取し、マーカーについて調べられた。

すると問題の遺伝子は、Xの長腕の最末端の部分に存在する模様である。

性染色体も常染色体も、短腕と長腕という長さの違う二つの部分から成っている。染色体の短腕はp、長腕はqと表わされるので、Xの長腕はXqということになる。そして各腕には両腕のつけねから順に番地のような数がつけられ、その位置が表わされる。そうするとXの長腕の最末端部分は、言うなれば二丁目八番地ということになり、同性愛遺伝子は、「Xq28」にあると言うことができるのである。

色覚異常の遺伝子も血友病の遺伝子も実はこの近所にある。それどころか血友病の遺伝子は、この研究でマーカーの一つとして使われたくらいである。

ちなみに暴力遺伝子（ブルンナー症候群の遺伝子）は、Xの短腕の方にある。

この〝事実〟を知った男性同性愛者たちは、やっと自分たちが何者であるかがわかりかけたのだ。同性愛者専門の店では、「Xq28　お母さん、遺伝子をありがとう！」と士気高揚のスローガンがプリントされたTシャツが売られた。

ところが……きちんと手順を踏み、何ら落ち度がないと思われたこの研究に対し、二人とも同性愛者である兄弟五二組についてXq28の領域を徹底して調べてみたが、同性愛遺伝子が存在するという証拠が見つからなかったと反論する研究が発表された。一九九九年のことだ。

この年にはもう一つ、ハマーらの研究に疑問ありとする研究が提出されたが、それは双子研究をしたJ・M・ベイリーとR・C・ピラードのコンビによるものだった（ベイリーはヘルパー仮説を否定する研究も後にしている）。

とはいえこれでハマーらの研究が全面否定されたわけではない。男性同性愛に関わる遺伝子の一つが、性染色体のXに存在することはほとんど疑いようがない。他の人々の研究によっても、男性同性愛者の母方に男性同性愛者が多いことが確かめられていて、それはX上に男性同性愛遺伝子の一つが存在することの動かぬ証拠だからである。

問題はXのどこにあるかだけだろう。が、今日でもまだ、どこなのかはわかっていない。

Xq28の復活

男性同性愛遺伝子の研究はしばらく停滞していたが、最近になって進展があった。一つは二〇一四年にアメリカ、ノースショア大学のA・サンダースと、既に登場している、J・M・ベイリーらのグループが発表したものだ。

それによると、男性同性愛遺伝子はXq28と、第八染色体にあるという。何とベイリーは、ハマーらの研究に疑問を呈したのに、自身が研究してみたところ、やはりXq28に存在するという結果になったのである。

もう一つは二〇一七年にやはりサンダースとベイリーらのグループが発表したもので、男性同性愛遺伝子は第一三染色体と第一四染色体にあるという。このうち第一三染色体の問題の部分は間脳の発達に関わっており、第三章の脳に関する記述で登場する視床下部は、間脳の一部である。この点を頭の隅に置いていただきたい。

第三章　脳

男と女：右か左か？

睾丸は右、おっぱいは左!?

一九九四年、カナダ、ウエスタンオンタリオ大学の心理学者、ドリーン・キムラはこんな研究をしている。

そもそも性によって体の左右の発達に偏りがある部分がある。それが性による得意、不得意の分野と関係があるというのである。同性愛者か異性愛者かを区別していないのが残念だが、貴重な研究だ。

男と女のそれぞれの生殖腺である、睾丸と卵巣だが、どういうわけか、男では右の睾丸が大きく、女では左の卵巣が大きい傾向にある。

そうしてこれらの生殖腺は、胎児までの段階で既に左右で対称ではないように発達している脳を、それぞれから分泌される性ホルモンによってますます非対称に発達させていると考えられる。

睾丸からはテストステロンが、卵巣からはエストロゲンが分泌される。

男の胎児は自らの睾丸から分泌するテストステロンで脳の男性的発達（右脳の発達）を促すが、生まれた後、特に思春期にも右の睾丸が大きいと、より右脳を発達させる。

女でもエストロゲンが胎児期の脳の女性的発達（左脳の発達）を促すが、女で左の卵巣が大きいと、思春期にもより左脳を発達させると考えられている。

ともかく……キムラはまず、男では左右どちらの睾丸が大きいか、自分で触って申告してもらうことにした。

女では、さすがに卵巣について自分で測ることはできないので、おっぱい（乳房）の大きさで代用することにした。

左右の生殖腺は、それぞれ脳の同じ側の視床下部と対応していて、視床下部はさらに同じ側の自律神経系を制御している。よって左の卵巣の発達は左の乳房の発達と関係しており、右の卵巣の発達は右の乳房の発達と関係する。

卵巣という生殖腺の発達の具合は、おっぱいの発達として読み取ることができるというのである。

「左が大」の男は「女が得意な」分野が得意

彼女は大学のキャンパス内に張り紙を出し、右利きの学生、男一〇八人、女一一二人を被験者として集めた（なぜ右利きに限定したかというと、左利きだと、普通は左にある言語脳が右にあることも少なくない。そこで左利きは避けたのだろう）。

すると、男では睾丸が、左の方が大だという者は二五人、左右が同じくらいだという者は三六人、右の方が大だという者が四七人いた。

女については、左のおっぱいが大だという者が四二人、左右が同じくらいだという者が五一人、右の方が大だという者は一九人だった。

やはり、男は右、女は左という傾向があるのである。

このうち、男六八人、女六七人は次なる実験を受けることになる。

男が得意とする分野、女が得意とする分野、性による得意、不得意がない分野についてのテストである。

「男が得意とする分野」

①数学適性

②心的回転（図形を頭の中で回転させる能力。空間認識力が問われる）
③折り紙
④ベントンの線分（様々な角度を持ったいろいろな長さの線、つまり線分についてその角度を、それらと同じ紙に描かれている分度器と見比べることで推定する）
⑤埋没図形（いろいろな図形が重なって存在する中から、問題として出された図形を見つけ出す）
⑥標的狙い（ダーツ投げと、表面にマジックテープを縫いつけたボールを壁に掲げられた、中心に四角い的を描いたカーペットを目がけて投げる）
いずれも空間認識や理系の能力など、右脳が関係している分野の能力が問われる。

「女が得意とする分野」
①たとえばAで始まる単語を見つける
②同じ絵探し
③カテゴリー分け（白いもの、赤いものなどというように）
言語能力のように左脳が関係している分野が問われる。

「性に関係ない分野」
①ボキャブラリー
②レイヴン・マトリクス（視覚的な推論課題）
③言語的な推論課題

詳しくは『女の能力、男の能力』（ドリーン・キムラ著、野島久雄ら訳、新曜社）などを参照していただきたい。

さてそうすると、性に関係ない分野については、睾丸とおっぱいの、左右どちらが大きいかとはまったく関係が現れなかった。

しかし性に関係する分野については、こんな結果が現れたのだ。

右の睾丸が大きい男は、男の得意とする分野が得意という傾向があった。これは当然だろう。

そして、右のおっぱいが大きいという女は、男の得意分野が得意だったのだ。

さらに左のおっぱいが大きい女は女の得意分野が得意であり、左の睾丸が大きい男は女の得意分野が得意だったのである。

男であれ女であれ、生殖腺（女ではおっぱいを卵巣の発達の手がかりとしているが）の右の方が大という者は、男の得意分野が得意。左の方が大という者は、女の得意分野が得意、という傾向があるのである。

しかしさらにここで驚くのは、男でありながら左が大という者の方が、女で左が大という者よりも、女が得意とする分野がよりいっそう得意という傾向にあった。並みの女よりもはるかに得意だということである。

そして女でありながら右が大という者は、男で右が大という者よりも、男が得意とする分野がよりいっそう得意という傾向にあった。並みの男よりもはるかに得意なのである（これらの結果については、あくまで傾向があるというだけで、個々の人間について絶対にそうだという意味ではないことに注意してほしい）。

では、男性同性愛者は？

この研究では被験者の性的指向については問われていない。そこでキムラは同じくウエスタンオンタリオ大学の神経科学者のＪ・Ａ・Ｙ・ホールと組み、翌年には男性同性愛者も含めた研究をした。

すると、男性同性愛者は男性異性愛者と体格に差がなくても、ダーツ投げ、ボール投げが全般的に苦手で、それは女性異性愛者と同じくらいのレヴェルだったのである。

一九九一年に双子研究を発表したベイリー&ピラードも、いくつかの質問の中に、子どもの頃、スポーツにどれほど興味があったかという項目を設定している。するとやはり、男性同性愛者は男性異性愛者ほどにはスポーツに興味がなかった。そもそもスポーツが苦手だから興味がないということなのかもしれない。

ともあれこうしてみると、男性同性愛者は右ではなく、左の睾丸が大きい傾向にある可能性がある。そのために男でありながら、男が得意とする分野は苦手だが、女が得意とする分野が得意。それも並みの女をはるかに凌ぐほどに得意なのかもしれない。

メイクアップアーティストやスタイリスト、美容師、華道家、編み物の先生、ダンサー、作家などにずば抜けた才能を持つ男性同性愛者が多く存在するという印象があるが、そうだとしたらこうした背景があるからかもしれない。

デザイナーを目指していたフレディ

このように男性同性愛者がアート関係の才能に恵まれる傾向がありそうだという点は、フレディ・マーキュリーにも当てはまる。彼は本来、グラフィック・デザイナーを目指していた。そのためロンドンの西部にある、イーリング・アート・カレッジで学んでいたが、学び舎での友人がティム・スタッフェルという。クイーンの前身である、学生バンド「スマイル」のヴォーカル兼ベースをつとめた人物である。

とはいえティムは元々、ギターのブライアン・メイとグラマー・スクール時代からの音楽仲間である。そして「ドラマー求む」の募集で選ばれたのがロジャー・テイラーなのである。こうしてスマイルが結成されたが、やがてティムは彼らとの音楽性の違いや本来の目標であるアートの世界に集中するために脱退する。代わりにと推薦したのが友人のフレディである。とはいえフレディは元々スマイルをよく知っており、ファンでもあったのだ。

フレディのヴォーカルは突出していても、彼はベースまでは演奏することはできない。そこでオーディションが催され、ジョン・ディーコンが選ばれた。ベースの腕前ももちろんだが、謙虚で温厚な人柄とロンドン大学のチェルシー・カレッジで電子工学専攻という、機械物なら何でもござれの能力が決め手となったという。

この点においてはブライアンも似ていて、彼のお父さんは電気技師である。しかもミュージシャンを目指していたが、家族のために夢をあきらめたという人だ。そしてブライアンが父と共同で一からつくったギター、「レッド・スペシャル」はあまりにも有名だ。どんなにバンドが売れても彼は、この独特の音色を奏でる手づくりギターを使い続けている。

ブライアンが通っていた大学は、大英自然史博物館の裏手にある、ロンドン大学のインペリアル・カレッジであり、彼は天体物理学の研究をしていた。クイーンとしての活動が忙しくなったため、研究を中断したが、三十数年のブランクの後に再開し、見事博士号を取得したのである。

ロジャーはというと、彼もまた理系である。歯科医を目指し、ロンドン・ホスピタル・メディカル・カレッジに通っていたが、解剖などに嫌気がさして生物学に専攻を変えている。

そしてブライアンがインペリアル・カレッジの掲示板に出した広告について、同大学の学生だった同居人から知らされ、ドラマーとして応募したのである。

スマイルに加入したフレディは、バンド名を思いきって「クイーン」に変えることを提案する。確かにスマイルではインパクトに欠け、自ら所詮は学生バンドであると名乗っているようなもの。その点、クイーンはインパクトがありすぎるほどだ。しかしクイーンにはゲイの女役の意味もあり、真面目なブライアンなどは難色を示したという。フレディは押し切った。何より壮大で威厳があるからというのがその理由らしいが、私はここでフレディが一世一代の大勝負に出たなと感ずる。

この名で大成功すれば、確かに名にふさわしい存在になるだろう。けれども芽が出なければ、他のバンド名である場合よりも、余計に惨めで滑稽になる。大成功させるしか道はないのだ。

日本のファンが原動力に

ところが彼らはそう簡単には芽が出なかった。一九七三年リリースの初のアルバム「戦慄の王女」は批評家たちから「時代遅れだ」と指摘され、中には「こんなバンドが売れたら、帽子を食べて見せてやる」と豪語する批評家さえいた。サウンドや衣装から、当時一世を風靡していた、レッド・ツェッペリン、ディープ・パープル、デヴィッド・ボウイなどの亜流とみなされたらしい。

しかし三枚目のアルバム「シアー・ハート・アタック」の先行シングルである「キラー・クイーン」（一九七四年）がイギリスのヒットチャートで二位を獲得し、初めてはっきりと売れたのである。

そして七五年四月に初来日。羽田空港にかけつけた二〇〇〇人ともいわれる日本の女性ファンから熱烈歓迎される。そんな経験はなきに等しかった彼らはたいそう驚き、ブライアン曰く、「別の惑星に来たのかと思った」。

この来日公演によってメンバーは確かな手ごたえを得、俄然、自信をつけることとなったはずだ。それは次のアルバム「オペラ座の夜」(一九七五年、イギリスで一一月、日本では一二月リリース)の原動力となったに違いない。

彼らはその製作を八月から始め、一一月の初めに終えている。まずはロンドンの北に隣接するハートフォードシャーにある一軒家を借りて合宿し、曲作り。その後、いくつもの録音スタジオを渡り歩いて音の完璧さなどを追究していた。

そしてこのアルバムに収められている不朽の名作、それこそが「ボヘミアン・ラプソディ」なのだ。この曲に至るまでの彼らの作品には、重厚なコーラスを始めとして数々の前兆が見受けられるものの、「ボヘミアン・ラプソディ」は日本のファンの情熱によって産み出されたと言ってもいいだろう。

触れ合うだけで幸せになれる——愛と癒しのホルモン：オキシトシン

いいことずくめのホルモン

オキシトシンというホルモンが最近、大変注目されている。が、オキシトシンについてはホルモンという言葉一つでは到底足りないくらいの信じられないような働きがある。

その分泌により、不安が薄れ、言いようのない心地よさや、幸せや安心感がもたらされる。

人と人との間に絆が築かれ、愛着の情がわく。

痛みが和らげられ、傷の治りも早くなる。

成長が促され、免疫力までもが高められて健康になる……。

まさにいいことずくめ。我々としてはオキシトシンがどんな状況で分泌されるかを知り、この天の恵みを活用する。そうすれば、今より格段に幸せになれること間違いなしである。

オキシトシンは九個のアミノ酸からできている。このようにアミノ酸がいくつかつながってできたホルモンと呼ばれる。

オキシトシンは、ほ乳類のすべての種に、同じ構造で存在する。オスにもメスにもある。発見されたのは一九〇六年で、イギリスのヘンリー・デールが、脳下垂体から分泌され、陣痛を促す（子宮の筋肉の収縮を促す）物質として見つけた。ギリシャ語の「速い」と「出産」を組み合わせて、「オキシトシン」と命名したのである（今や、陣痛促進剤として使われることもある）。

オキシトシンは同時に、母乳の分泌を促すこともわかった。後には乳をつくるためのホルモン、プロラクチンなどの分泌を促すこともわかった。

このように、初めは子宮の収縮や母乳の分泌という、出産や子育てに関係したホルモンとして発見され、実際女性ホルモンのエストロゲン（エストロゲンは女性ホルモンのうちのいくつかの総称）との関わりが深いオキシトシンだが、男でも働きを持っている。女性ホルモンは女だけでなく、男にも存在するからだ。

オキシトシンは、大脳の下に位置する間脳の視床下部でつくられ、そのさらに下側にぶら下がっている脳下垂体から血流へとホルモンとして分泌される。その一方で直接脳の中へ入り、神経伝達物質としても働くことがわかっている。

脳の断面図

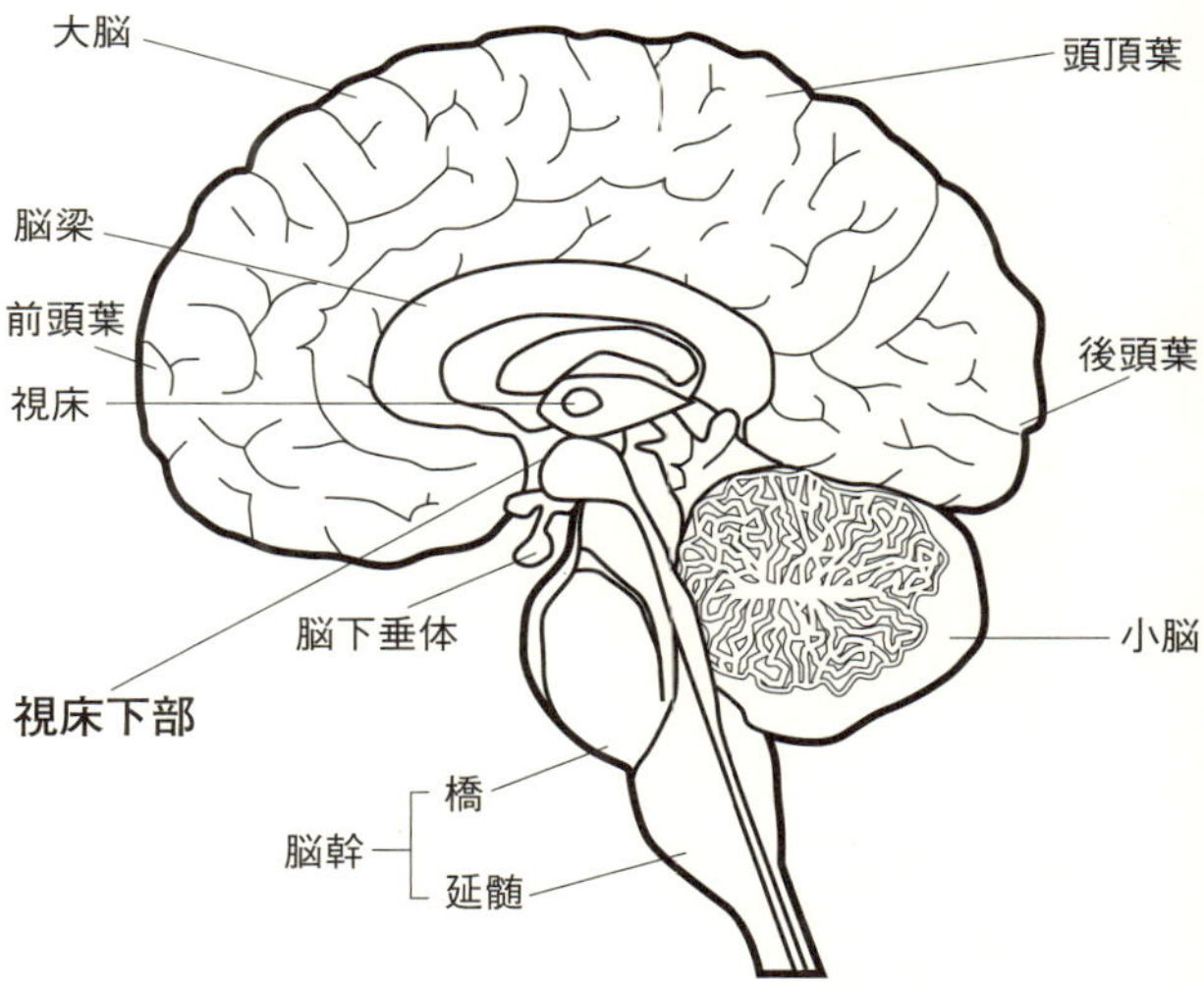

おっぱいとマックシェイク

　オキシトシンの働きとしてはまず、不安を軽くし、リラックスさせ、ストレスや痛みを和らげることがある。

　出産のときにオキシトシンが大量に分泌されるが、それは単に子宮を収縮させるだけでなく、出産の不安を軽くし、リラックスさせるためである。神経伝達物質としてはさらに、脳の痛みの知覚系に働きかけ、その反応を弱めて出産の痛みも和らげている。そればかりかオキシトシンは、脳内モルヒネであるエンドルフィンを分泌させ、痛みを感じにくくさせているのだ。

オキシトシンは、人を覚え（ソーシャルメモリー）、人と人との絆や信頼の形成にも関わっていることがわかってきた。

絆が形成されるのはまず、赤ちゃんが生まれたときである。お母さんはそもそも出産時にオキシトシンが大量に分泌された状態にあるが、その状態で生まれてきた我が子に対面すると、とてつもなく強い絆が形成される。離れたくない、この子は私の子、誰にも絶対渡さないという強い感情を抱いてしまうのだ。

お腹だけ貸した代理母が、生まれてきた子が我が子ではないと頭ではわかっていても、引き渡しを拒否するという事件がしばしば起きる。それはこのオキシトシンの大量分泌により、強い愛着が芽生えてしまうからである。

さらにはこんな話を聞いたことがある。あるお母さんが車を運転中、後部座席にお父さんといっしょにいる赤ちゃんが泣いた。するとそのお母さんは、「ああ、もうだめ！」と言って車を路肩に寄せ、子に乳を与え始めたのだという。

実は、赤ちゃんがおっぱいに吸いつくという強い接触刺激によって母親にオキシトシンが分泌され、乳が出るのだが、出産後しばらくすると、赤ちゃんを見たり、泣き声を聞いたりするだけで分泌されるよう条件づけられるのである。

赤ちゃんの側にしてみても、お母さんのお乳を吸うことで自身にオキシトシンを分泌させていると考えられる。

お母さんのお乳を吸う子ウシは、バケツから乳を飲む子ウシよりもオキシトシンのレヴェルが高いということがわかっているし、そもそもお乳を吸うという行為自体によって(後で説明するが、お乳を吸う行為は体の接触行為、それもかなり強い接触刺激なのだから)、赤ちゃんにはオキシトシンが分泌されるはずなのだ。こうして子は幸せや安らぎを得るだけでなく、自分の側からも母親との絆を形成し、この人が母親だと覚える、ソーシャルメモリーの効果も高められていると考えられている。

生まれてすぐに母親のお乳を吸った子ヒツジは、すぐには吸わなかった子ヒツジとは違い、翌日にすぐ誰が母親なのかがわかるという。

そう言えば、マックシェイクがストローでそう簡単には飲めず、かなり強い力でチュウチュウ吸わなければならないのは、かの企業の戦略で、わざとそうしているのだという。母親のおっぱいはそれくらい強く吸わないと出てくれない。あのときの吸う喜びを再現させることでマックシェイクに病みつきにさせる……。

その喜びの背景にある物質こそが、おそらくオキシトシンなのである。

「痛いの痛いの、飛んで行け〜」

オキシトシンは単に体に触れられること、接触刺激でも分泌される。マッサージ、指圧などでリラックスして気持ちがよくなり、ときには眠ってしまうのは、単に血流がよくなるとか、凝りがほぐれるからだけではない。これらの刺激がきっかけとなってオキシトシンが分泌されるからだ。

しかもその際、触れられる側はもちろんのこと、触れる側にもオキシトシンが分泌されるというから驚きだ。

精神的に参っている人を、ただ抱きしめる。言葉はいらない、抱きしめるだけでいい。擦り傷を負った子どもの患部を軽くさすり、「痛いの痛いの、飛んで行け〜」と親などが唱える。

そうすることで不安やストレスが緩和され、痛みも和らげられるということを皆が経験的に知っているからだ。その背景にオキシトシンがあることは知らないとしても。

さらにオキシトシンには傷の治りを早くする効果があり、親などが手を当ててさすることとには本当に「手当て」の効果があるのである。

オキシトシンには成長を早める効果もあるのだが、結局のところ成長も傷の治癒も、いかによく細胞が分裂するかの問題なので成長の効果があるのも当然だ。

親は子を、ただ単にいとおしく思い、なでたり、抱きしめたりするわけだが、実はそれだけでも子の成長を促すことになっているのである。このときなでている親の方にもオキシトシンは分泌され、心地よく、癒され、またなでたくなってしまう。

イヌやネコのようなペットと飼い主の間にも同じ関係が存在することがわかっている。オキシトシンは、ほ乳類のすべてが共通して持っている物質だからである（鳥やハ虫類にもオキシトシンに相当する物質があり、それらをペットとした場合にも同じような関係があるはずだ）。

セックスでも、食事でもお酒でも

究極の触れ合いであり、強烈な接触刺激であるセックスの時にも、もちろんオキシトシンは分泌される。男にも、女にもだ。しかもオルガスムスの際に、分泌の方も最高潮に達することがわかっているのである。

こうしてセックスによって二人の絆はより強まるわけだが、一方で体の関係から始まる恋がある、などと言われることがある。それはそうだろう、セックスによってオキシトシンが大量に分泌され、絆が形成されるのだから。

但しこの恋は、相手をよく知らないままに絆だけが築かれたことになる。こういう絆がどれほどの危うさを秘めているかは推して知るべしなのだ。

セックスが究極の触れ合いであるからには、それが男どうしであっても、女どうしであっても、当然オキシトシンが分泌される。二人の絆がより強まるはずである。

武将と小姓との性的な関係が主従の絆を強めると言われるのにも、背景にこのような事情があるからなのだろう。

オキシトシン分泌のきっかけはその他に、単に食べること、少量のお酒（あくまで少量。多量は逆効果）、日光浴、ゆったりとした入浴、サウナ、瞑想などがある。

悩みがあっても、おいしいものを食べると一時だけでも忘れられるとか（やけ食いはその極端な例）、お風呂に入れば一日をリセットできるというのもオキシトシンのなせる業だ。初対面の人でも、食事をしながらだと会話がはずむし、交渉もうまくいったりする。これまた食事によってオキシトシンが分泌され、リラックスするだけでなく、絆や信頼が生み出されてくるからだろう。

オキシトシン分泌のきっかけとして、心休まる音楽や美しい風景、ほほえましい光景などが可能性ありと指摘されているが、間違いなくそうだと思う。

話は長くなるが、こうしてみるとたとえば温泉や温泉旅行がいかに人々を癒し、「暇とお金があったら、温泉にでも行きたいね」などという言葉がつい日本人の口から出てしまうのかがわかる。温泉とは、オキシトシン出まくりのワンダーワールドだからだ。

まず何と言っても家ではなかなか叶わない、ゆっくりとした入浴だ。それもいろいろな効能のあるお湯にである。

あたりは美しい自然に包まれており、露天風呂なら自然を楽しみつつの入浴になる。お風呂の後にはおいしい食事をゆったりといただく。お酒も少し飲むだろう。

食事の後にはマッサージを頼むかもしれない。

そして適度な運動もオキシトシンを分泌させるのだが、温泉と言えば……卓球？

他者とのよい関係はオキシトシンの分泌を促すと考えられているが、気のあう仲間と行動をともにすること自体が既に、オキシトシン分泌のきっかけとなっている。

オキシトシンにはさらに、免疫のシステムを強める働きもあると考えられている。何しろ、ストレスホルモンのコルチゾールのレヴェルを下げるなどしてストレスを緩和させるのである。ストレスは免疫系を弱らせる最大の要因だ。

もう一つのホルモン、バソプレシン

オキシトシンは人と人の絆を強めるが、それは一方では他者を排除するという作用もある。この点を念頭に置いておく方がいい。

実は、オキシトシンとたった二つアミノ酸が違うだけの、バソプレシンというペプチドホルモンがある。オキシトシンと同様、男にも女にも存在する（やはり、ほ乳類全体にほぼ同じ構造のものがオスにもメスにも存在する。鳥、ハ虫類にもそれに相当する物質がある）。

バソプレシンの場合には、男性ホルモンの代表格であるテストステロンとセットになって働くことが特徴である。テストステロンは女も持っているので、男でも女でも（オスでもメスでも）、その作用は現れる。

たとえばラットを使った実験では、少量のオキシトシンを投与することでオスもメスも不安が和らぎ、他の個体と友好的になったり、群れたりして、穏やかな状態がもたらされる。そして体の接触はさらなるオキシトシンの分泌を促すことになる。

同様にラットに、今度はバソプレシンを投与すると、オスもメスも確かに不安が和らげられる。ところが不安が和らいだのをいいことに、恐れ知らずの攻撃的行動をとるようになってしまうのだ。

ケンカっ早くなり、縄張りの主張や防衛のためにエネルギーを使うようになるのである。さらに、タバコを吸うことでバソプレシンが分泌されることがわかっている。ニコチンの作用によるのだ。

何かややこしい問題が発生したとき、男がいそいそとタバコを取り出すという光景をよく見かける。それは他でもない、その困難に立ち向かうために不安を消したい、勇気がほしいということなのである。バソプレシンにはさらに、集中力を高めるという効果もあり、そういう意味でもタバコが欲しくなるのだろう。

しかし驚いたことに、タバコを吸うことでオキシトシンもまた分泌されるらしい。但しタバコの成分がオキシトシンの分泌を促すのではなく、赤ちゃん時代に乳首を吸っていたことや、お乳を卒業してもおしゃぶりや自分の親指を吸うことでオキシトシンを無意識のうちに分泌させていた、あの行為の名残がタバコを吸うことにあるからだ（マックシェイクの話はこれでより信憑性が高まるだろう。さらにタバコの太さは乳首の太さともよく一致している)。

ほ乳類では珍しい、厳格な一夫一妻制をとる、プレーリーハタネズミでは、オキシトシンがメス側の絆の形成を、バソプレシンがオス側の絆の形成を促しているという研究がある。

さらに人間ではバソプレシンが記憶を増強させる効果があるが、それは男に限られるもので、文章や単語をよく思いつかせるのだという。私の師匠の故日高敏隆先生は、タバコがないと原稿が書けないとよく言っておられたが、バソプレシンが単に集中力を高めるだけでなく、このように文章を書くこと自体に関わっているということを先生亡き後に私は知ったわけである。

オキシトシンはそのレヴェルが高い状態で我が子を始めとする初対面の相手に接すると、大いなる絆が形成される一方で、なぜか記憶については忘却の効果を持つこともあるという。

出産の痛み、苦しみは、その際にオキシトシンが大量に分泌されているために記憶にあまり残らず、女をまた子が産みたいという気にさせる。次の出産でも、また痛みを感じ、苦しむが、やはり忘れる。そうしてまた……と、とてもよくできたシステムなのである。

食べて嫌なことを忘れる、お風呂に入って一日をリセットするというのは、オキシトシンによる癒しというよりは、オキシトシンによるただの忘却の効果によるものかもしれない。

オキシトシンとバソプレシンについては、まだわからないことが少なくないが、どんどん研究が進んでいて目が離せないのである。

オキシトシンで「信頼感が増す」かどうかの実験

オキシトシンについては二〇〇五年、こんな研究が発表され、大変な話題となったので紹介したい。

それは、オキシトシンを人間の鼻の穴にスプレーすることで、本当に他人に対する信頼感が増す、というものである。

血液中のオキシトシンはそう簡単に脳に入って働きを及ぼさない。

脳の中の血管の壁面は、特別な造りになっていて、血液脳関門と呼ばれる。関門というとどこかに関所のような所があって通す、通さない、の判断を下しているような印象があるが、そうではなくて、血管の壁面をつくっている細胞がとりわけきっちりと隙間なく並んでいるのである。

そうして脳の神経系へ、その働きを乱すような物質が血液から入らない仕組みになっており、オキシトシンもこの関門のために、外からはなかなか入り込むことができない。ところが二〇〇二年に、鼻にスプレーすれば、脳にまで到達するということがわかった。そこでこの事実をいち早く利用したのが、件の研究を行なった、スイス、チューリッヒ大学のM・コスフェルトらというわけなのである。

人をよく信頼しているかどうかを、いったいどうやって調べるのだろう。どう数値化させるのか。彼らは、こんなゲームを被験者にさせることによって解決している。

それは、トラストゲーム（信頼ゲーム）なるものである。

被験者となったのは、チューリッヒのいくつかの大学の男子学生で、タバコをあまり吸わず、薬やアルコールの依存症ではない健康な者たちで、実験に先立つ二四時間に酒、タバコ、カフェインを摂らぬよう、また二時間以内に水以外のものを摂取しないよう厳しく言い渡されている。

各人にはまず、投資者と受託者という二つの役割が設定される（被験者たちは知り合いではないし、誰が相方なのかも、誰が何の役割をしているのかもわからない）。

両者は架空のお金、一二MU（マネタリー・ユニット）を元手として渡される。そうして投資者には、〇、四、八、一二、の四種類の投資の額から一つ選び、投資させる。

それは必ず三倍に増やして受託者に渡すことになっている。

たとえば投資者が八MU投資すれば、三倍の二四MUに増やして受託者に渡す。受託者は、元手の一二MUに二四MUが加わり、三六MUを持つことになる。そしてその一部を投資者に返すよう指示されるのだが、どれくらいをお礼として返すかは自由である。

まったく返さず、独り占めしてもいいし、三倍に増えた分の半分を、投資者の投資分に上乗せして返してもいい。そしてまさかそんなことがあるとは思えないが、全額を投資者に返し、自分はすっからかんになってしまってもかまわないのだ。

こういう試みは四回繰り返され、最後に残った「お金」については、一MUが〇・四スイスフランに換算されて本当にお金がもらえる。一スイスフランは日本円にして当時九〇円くらいである。被験者にはそもそも、参加の謝礼として八〇スイスフラン（約七二〇〇円）が支払われていて、これでも結構な額だが、プラスαとなるお金をいかにゲットしようとするかが試される。

ここで最も肝心な点は、投資者には二種類のグループがあることである。一つは、左右の鼻の穴の内側に同じ量のオキシトシンをスプレーされるグループ（オキシトシングループ）。もう一つは、成分にオキシトシンが含まれていないスプレーをされるグループ（プラシーボグループ）である。

さあ、どういう結果になっただろう？　オキシトシンをスプレーされた場合と、そうでない場合とでは？

結論から言おう。オキシトシンの効果には目を見張るものがある。

受託者が一切お金を返してくれない可能性だってあるというのに、オキシトシングループ（二九人）では、平均で一二MU預けてしまった——つまり四回とも一二MU全額を預けてしまった——者が、一三人もいた（四五％）。

プラシーボグループ（二九人）では、その約半分の六人だ（二一％）。

投資額が平均で八MU以下の、慎重派は、オキシトシングループで二一％しかいないのに対し、プラシーボグループでは四五％である。

とは言うものの、だ。

これはオキシトシングループが、オキシトシンの作用によって、「受託者は投資したお金に応じてきちんとお返ししてくれるはずだ。だったらたくさん投資する方がたくさん返ってきて嬉しいじゃないか」と受託者を信頼する気になって多くのお金を投資したのだろうか？

それとも単に、お金がまったく返って来ないとか、投資した分すら返って来ないというリスクがあるが、そんなことはまったく気にしない、とにかくたくさん返ってくる方法を選ぶ、というように恐れの気持ちが薄れた結果、多額のお金を投資する気になったのだろうか？

この点が区別できない。

そこでもう一つの実験をする。

コンピューターが相手の場合は？

受託者は人間ではなく、コンピューターである。もうかったのに全然返さないとか、投資した分すら返さないというリスクがランダムに発生することになる。そうした裏切り行為がいつ発生するかはわからないが、一定の確率で発生することがわかっているのである。どうなったと思いますか？

オキシトシングループとプラシーボグループとで投資する金額にどう違いが出るのか？

結果は……二つのグループに違いはなし。

平均して全額投資した者も、どちらのグループも投資者の一〇％で、違いなし。

見事なくらいに違いなし。

つまり最初の実験では、「裏切られてもいい、大いなる賭けに出よう！」と、リスクを恐れる気持ちがオキシトシンによって薄れ、多額の投資をしたのではなかった。相手を信頼する気持ちが高まったことで多額の投資をしていたことがわかるのだ。コンピューターは、ランダムとはいえ一定の確率で裏切り行為をする。信用できない。だから多額の投資をすることが憚られるというわけである。

それにしても受託者が実際にはどの程度のお返しをしているかなのだが、何だか人間不信に陥りそうな結果だった。

平均すると、さすがに全部独り占めすることはなかった。しかし投資者の投資分が三倍に増やされているにも拘らず、そのほとんどを我がものとし、投資者には投資分にほんの一～二MUだけ上乗せして返しているのだ。投資分から生じた利益を半々にし、投資分に上乗せして返すという常識的態度すら行なわれなかった。

この実験は、両者を互いにまったく面識がないままに行なっている。せめて実験の前にお互いにあいさつし、握手をしていれば、だいぶ違った結果になったかもしれない（握手によってオキシトシンが分泌され、その状態で相手との絆が形成される）。さらには、つきあいが今後も長く続くという前提があり、互いの立場が時々変わることがあるとわかっていたりするのなら、もっとずっと協力的な態度が得られたはずなのである。

たとえばの話だが、先のゲームで急遽、同じ相手ともう一回ゲームをすることになったとしよう。

投資者は、オキシトシンをスプレーされていようがいまいが、受託者の、投資分にたった一～二MUしか上乗せして返さない態度にはさすがに腹が立っている。こんなバカバカしい目にあうのはもうたくさんだと、今度は一二MU全額投資などという人のよい態度はとらないだろう。制裁の意味も込め、投資するにしてもせいぜい四MUどまりだ。

そうすると困るのは受託者の方で、たとえばさっきは一二MUのように豪快に投資してくれたからこそ、その三倍の三六MUにまで増えたのに、今度は多くても一二MUにしかならないのだ。

そこで、「わかった、わかった。今度はちゃんと投資分に見合った分を返すよ。だから、この次同じゲームをするとしたら、そのときにはもっとたくさん投資してね」という意志を、投資者に投資分に応じた返し方をするという礼儀正しい態度によって伝えるのである。

人間において何か礼儀正しい行為、相手を尊重するような行為が行なわれるとしたら、その背景には顔見知りであるとか、つきあいが長く続くといった条件がどうしても必要になってくるのである。

脳を調べる

男性同性愛者の脳は「超女型」!?

人間の男の胎児は、妊娠三カ月の頃、既に自前の睾丸ができている。そこから男性ホルモンの代表格である、テストステロンを分泌させ、自身の体を巡らせる。

そうしてペニスを発達させ、脳を男性化する。

この脳についてはどうだろう。異性愛者と同性愛者とでどんな違いがあるのか?

実験動物のラットの脳については古くから研究されていて、性的二型核という部分が見つかっている。それはオスの方が大きく、細胞の数も多い。

この部分は、オスの性的覚醒に関係していると考えられている。

やがて人間にも性的二型核に当たる部分が見つかり、一九九一年になるとアメリカ、カリフォルニア大学のR・A・ゴォスキーらは、この部分について脳を解剖して詳しく調べた。

彼らが「前視床下部間質核」(Interstitial Nucleus of the Anterior Hypothalamus)、略して「INAH」と名づけた部分には、四つの亜核があり、男女差があるのは、INAH-2とINAH-3であるという。

INAH-2では男が女の二倍、INAH-3では男が女の二・八倍もの大きさがある。ゴォスキーらの研究に素早く反応したのは、アメリカ、ソーク研究所のS・ルヴェイだった。彼は、自身が同性愛者であり、折しもパートナーを亡くしたばかりだった。

ルヴェイは、エイズで亡くなった男性同性愛者や、死亡原因は問わない異性愛者の男女の脳のINAHについて比較した。

すると、INAHの1と2と4には差がなかったが、INAH-3には差があった。男性異性愛者のINAH-3は女よりも大きく、細胞の数も多い。しかし男性同性愛者については女と大きさが同じくらいなのである。

男性同性愛者はINAH-3については女型と言えるようだ。

ところが、オランダのD・F・スワーブらによると、話は少々違ってくる。

彼らによれば、INAHにおいて男女差が現れるのは、INAH-1であるという。男の方が女より大きい。

その際、男性同性愛者は男性異性愛者と大きさに違いはなかった。

男性同性愛者はＩＮＡＨ-１については男型と言える。

こうしてみると男性同性愛者は、脳の、性差があり、男としての性行動に関わる部分、ＩＮＡＨについては研究によって結果が随分違っている。場所により、男型だったり女型だったりする。ただ、ルヴェイの、男性同性愛者のＩＮＡＨ-３が女型だという結果は多くの人に支持されている。

一九九二年になると、ゴォスキーらはこんな研究を発表した。左右の脳をつなぎ、それぞれの情報を交換する役目を持つ、前交連と呼ばれる部分があるのだが、その断面積を測る。すると、女性異性愛者の方が男性異性愛者よりも大きかった。前者が後者より一三％ほど大きいのだ。

では男性同性愛者の場合はどうかというと、女並みどころではなく、もっと大きかったのである。女性異性愛者に比べ一八％大きかった。男性異性愛者と比べるなら、三四％も大きかったのだ。前交連については超女型と言えるのである。

男の性フェロモンに興奮

そうして二〇〇五年頃になると、序章でも少し紹介したこんな研究が登場し、やはり男性同性愛者は脳の性的覚醒に関わる部分の反応の仕方が女性的であるということがはっきりしてくる。

スウェーデン、カロリンスカ研究所（ここにはノーベル生理学・医学賞の選考委員会がある）のI・サヴィックらは、男性異性愛者、男性同性愛者、女性異性愛者、女性同性愛者について調べた。この場合には男も女も、完全な異性愛者（キンゼイのスケールで言うと〇）と完全な同性愛者（キンゼイのスケールの六）に限定している。

男の性フェロモンの最有力候補と考えられるAND（アンドロスタジエノン。男の汗に多く含まれ、男性ホルモンの代表格であるテストステロンの構造が少しだけ変わり、揮発しやすくなった物質）と、女の性フェロモンの最有力候補と考えられるEST（エストラテトラエノール。女の尿に多く含まれ、女性ホルモンの代表格であるエストラジオールの構造がやはり少しだけ変わり、揮発しやすくなった物質）に対し、それぞれ脳のどの領域が興奮するかを調べる。

フェロモンとは、動物のある個体から発せられ、同じ種の他個体の生理的状態を変えたり、何らかの行動を引き起こすきっかけをつくる化学物質（匂い）のことだ。性フェロモンはもちろん性的興奮に関係している。

ちなみに男性ホルモンが男にも女にも存在するように、男の性フェロモンも、男にも女にも存在する。それらのレヴェルが違ったりするのだ。たとえば先ほどの、男の性フェロモンと思われるANDは、男の汗の中に、女の汗よりもおよそ二〇倍の高い濃度で存在する。

女の性フェロモンについても同様だ。

方法はPET（陽電子放射断層撮影法）による。MRI（核磁気共鳴画像法）が生きた人間の脳や内臓の形や大きさを測る技術であるのに対し、生きた人間の代謝や血流の活発な部分を見つける技術で、ガンなどの発見に役立っている。

脳の場合には、神経細胞が興奮している領域を見つけることもできる。

サヴィックらは、男性異性愛者、男性同性愛者、女性異性愛者、女性同性愛者、の各グループについて、被験者を一二人ずつ集めた。いずれも健康で、右利きで、エイズウィルスに感染していない、教育レヴェルも揃った、年齢も三〇歳前後の人々である。

つまり性と性的指向のみが異なるグループという意味である（人数がやや少ないという

感があるが、PETという最先端の医療技術を、病気の発見のためならともかく、単に研究のために使うという条件のもと、被験者を集めることがいかに大変か、性と性的指向のみが違う、人数を揃えた集団を確保することがいかに難しいことかを考えたら、よくぞ集められたものだと敬服するのである)。

しかも実験に先立ちまずは、各人がちゃんと同じ程度に鼻が利くか、いろいろな匂いのある物質を嗅がせ、確かめている。

女は月経周期のいつ頃かによって匂いの感受性が違ったり、匂いに対する好みが変わったりする。そこで女の被験者については月経が始まった日を月経第一日として、月経周期の二〜三週目に測定を行なった(匂いに対して一番敏感な時期)。

まず被験者を安静状態にさせ、次の各匂いを鼻先一センチのところに置く(くんくんと嗅がず、普通に呼吸するように、と注意する)。

AND、EST。そしてラベンダーやヒマラヤスギのオイルなど、フェロモンとしての作用はないはずだが、いい匂いのする物質をビンに入れたものである。もちろん何も入れていない、ただの空気の匂いに対しても調べる。

そうしてPETの反応を見るわけだが、まず、ANDに対し、男性同性愛者は女性異性愛者とよく似たパターンで視床下部が興奮した（ANDは男の性フェロモンの最有力候補だが、以下、男の性フェロモンと言うことにする。女の性フェロモンの最有力候補、ESTについても同様）。

視床下部は、ルヴェイやスワーブたちが研究した箇所を含む領域で、男でも女でも、性的な覚醒中枢の役割をなすと考えられている。ルヴェイやスワーブは解剖して得た標本を顕微鏡で観察しているので、INAHのようなミリ単位の小さな部分について論じているが、PETでは視床下部の興奮している部分が大雑把にしかわからないのである。

ちなみにフェロモンは普通の匂いとは違い、匂いとして感じられない程度の低い濃度でも、左右の鼻の穴へ入ってすぐのところにある、ヤコブソン器官（鋤鼻器《じょびき》）という小さな穴から直接、脳へと信号が伝わると考えられている。匂いとしてはまったく感じられなくても、脳は反応するのだ。

ヤコブソン器官はハ虫類で有名で、ヘビやトカゲがしきりに舌を出しては引っ込めるのは、舌で空気中の匂い物質をとらえ、引っ込めることでその匂い物質をヤコブソン器官へと運んでいるのである。人間では胎児のときしか存在しないとされてきたが、最近になって大人でも鼻の入り口を入ってすぐのところにあることがわかってきたのである（ヤコブソン器官はすべての人にあるわけではないという研究もあり、このあたりについてはまだ不明な点が多く残されている)。

——ともかく男性同性愛者は男の性フェロモンであるANDに対し、視床下部が興奮した。それも女性異性愛者とよく似たパターンで、である。

そうとなれば男性同性愛者が、男でありながら男に性的に興奮することは、別に無理をしているわけでも、意識しているわけでもなく、ごく自然な反応であることがわかるのだ。

ちなみに男性異性愛者は視床下部が、女の性フェロモン、ESTに対し興奮することはもちろんだが、男の性フェロモン、ANDにはほとんど興奮しない。

女性異性愛者も、視床下部が男の性フェロモン、ANDに興奮するが、女の性フェロモン、ESTに対し、やはりほとんど興奮することはない。

そして男性同性愛者の場合、視床下部がANDには興奮しても、ESTにはほとんど興奮せず、結局のところ、女性異性愛者とほぼ同じパターンを示すのである。

女性同性愛者はと言うと、男性同性愛者ほど鮮やかにはわからなかったが、ESTに対し、視床下部が男性異性愛者と部分的に似たパターンでよく興奮した。しかしANDには視床下部があまり興奮しなかった。この点で男性異性愛者にパターンが近いと言うことができる。

女性同性愛者も、女の性フェロモンに性的に興奮する。この場合にもごく自然にであり、無理をしているわけではないのだ。

ちなみに皆がよい匂いと感ずる、ラベンダーやヒマラヤスギのオイルに対しては、脳の匂いに関わる部分が反応したことはもちろんだが、視床下部の反応はほとんどなかったのである。

左右の大脳の大きさ

サヴィックらは二〇〇八年になると、今度は左右の大脳と小脳の大きさ、そして扁桃体の興奮のしやすさについて調べている。

扁桃体とは、戦うか逃げるかのような情動反応と処理、あるいは記憶に関わる、アーモンド形の神経細胞の集まりで、左右の側頭葉の内側に一つずつ存在する。

ちなみに、一九三九年にアカゲザル（ニホンザルと同じマカク属のサル）の扁桃体を切除したところ、普段は恐れるはずのヘビのおもちゃに平気になり、口へ入れて遊んだという例がある。恐怖が薄れてしまうのだ。さらには何でも口に入れたがり、性欲が異常に高まったり、記憶障害にも陥ったという。

人間でも一九五〇年代に、脳の発作の治療のために側頭葉が除去される手術が行なわれていた時期があり、同様の症状が現れている（側頭葉とともに扁桃体も取り除かれた模様）。

ともあれ、被験者は男女ともに異性愛者（完全な異性愛者）、二五人ずつ、同じく同性愛者（完全な同性愛者）、二〇人ずつである（二〇〇五年頃よりも被験者を多く募ることができていることにお気づきだろうか）。

すると……ＭＲＩによるスキャンで、左右の大脳の大きさは、

男性異性愛者では、右が左よりも二〜三％大きい。

同じ傾向は女性同性愛者にもあり、右が左よりも一〜二％大きい。

片や、女性異性愛者と男性同性愛者については左右の大脳の大きさに、まったくと言っていいほど違いがなかった。

つまり、左右の脳の大きさの違いという点においては、男性異性愛者と女性同性愛者が似た傾向にある一方で、男性同性愛者と女性異性愛者が似た傾向にあるのだ。

こうして見ると、男性同性愛者は大脳については女性的であり、女性同性愛者は大脳については男性的であると言えそうだ。

小脳については性別も性的指向も関係なく、左右が同じ大きさだった。

次に扁桃体についてだが、安静時にPETによるスキャンでどのあたりがよく興奮しているかを見る。

すると、女性異性愛者と男性同性愛者とで、興奮のパターンが似ている。左の扁桃体が興奮しやすく、その影響が右側の脳にまで及んでいる。

そして男性異性愛者と女性同性愛者とで、興奮のパターンが似ている。今度は右の扁桃体が興奮しやすいが、その影響が左側の脳に及ぶことはほとんどない。

女性異性愛者と男性同性愛者というのは、恐怖を感じやすく、怖がりで、戦うのではなく、逃げ出す方の性質を強く持っているということだろうか。むろん自身の命を守るためにはとても大事なことである。

MRIやPETは生きた人間を調べることができる方法だ。一九九〇年代の初めにルヴェイたちが、エイズで死亡した男性同性愛者などの脳を解剖していたことを思うと隔世の感がある。彼らの研究結果がなかなか一致しないのは、亡くなった人を対象にしていたこととも関係しているかもしれない。たとえば亡くなる原因となった病気が脳を病変させたかもしれないのだ。

ともあれ男性同性愛者は女性的な脳を持ち、女性同性愛者は部分的に男性的な脳を持つことがわかった。あくまで平均的な話ではあるが、巷間で言われている、男性同性愛者が女っぽく、女性同性愛者が（男役の人に限られるかもしれないが）、男っぽいことの理由の一つが解明されたようである。

性転換する一族!?

ここで、参考までに紹介したい研究がある。ラットのような実験動物ではなく人間で、テストステロンと、テストステロンから一段階進んだ、ジヒドロテストステロンとの働きがはっきりとわかる例である。

それは、テレビで「性転換する一族のいる村」などとセンセーショナルなタイトルで放映されたこともあるので知っておられる方もあるかもしれない。

アメリカ、コーネル大学のJ・インペラート＝マクギンレーらは一九七四年に、ドミニカ共和国の首都、サント・ドミンゴの西にある、人口四三〇〇人ほどのサリナス村の人々の調査をした。

そうしたところ、二四人の偽両性具有の男性が見つかった。

彼らは性染色体のうえでは男、つまりＸＹの状態にある（女の場合、性染色体はＸＸである）。

しかし、生まれたときにペニスがなく、というか、クリトリスかと思うような小さな突起があるだけ。睾丸はあるが、腹腔の中に留まっていて、陰嚢へは降りてきていない。さらにはヴァギナ（膣）のような行き止まりの袋状の構造や、陰唇のような形の部分もあるのだ。

その外見から女の子とみなされ、女の子として育てられるが、やがて思春期を迎えると、声が急に低くなり、筋肉もついて男らしく、たくましくなってくる。

ペニスが発達し、睾丸も陰嚢の中へ降りてきて、射精も可能となって男へと大変身。ちゃんと精子もつくっていて、性的にも女に惹かれる。こうなると正真正銘の男と言える。

ただ、一方でヒゲが生えてこないし、ニキビも出ない……。

インペラート＝マクギンレーらがこれらの男たちについて、過去六代遡って家系を調べたところ、ほぼ全員が一人の女に行き着いた。

彼女に何らかの遺伝的変異が起き、それが次代に受け継がれた。その遺伝の形式から判断すると、常染色体にある劣性の遺伝子だ。しかもそれは、男の体の男性化に関係していて、男性ホルモンに何か不具合を起こしているのではないか、と推定される。

劣性の遺伝子は、何も劣っているという意味ではなく、二本ある染色体のどちらにも存在して初めて発現するというものだ。

染色体の一方にしか存在しない場合には発現せず、次の世代へ受け渡すだけのことがある。こういう場合、当人は保因者（キャリアー）という。

しかしこの劣性の遺伝子は、六代前のある女性に起きた遺伝的変異に由来しているので、この一族以外にはまず存在しない遺伝子だ。この一族の人間が、他の一族の人間とつながっている限りは二本の染色体のどちらにも存在することにはならず、異常は現れない。

ところが現実にこんなにも多くの偽両性具有の男が見つかり、「性転換する村」と呼ばれるようになったのは、彼らの間で近親交配がかなり頻繁に行なわれ、この遺伝子が二つ揃ってしまうケースがしばしば起こってきているからなのだ。

その後わかったのは、彼らはテストステロンをジヒドロテストステロンに変える酵素に欠陥がある。そのためにテストステロンの効果は現れるが、ジヒドロテストステロンによる効果は現れないということだった。

ハゲの原因

テストステロンもジヒドロテストステロンも、男性化に関わる重要な性ホルモンだが、それぞれに担当領域というものがある。胎児期にテストステロンは、睾丸、輸精管、副睾丸などをつくる。つまりは体の内側の生殖器をつくる。

同じく胎児期にジヒドロテストステロンは、ペニス、陰嚢のような体の外側に現れる生殖器をつくる。

偽両性具有の男はテストステロンはつくれるので体の内側は男性化するが、ジヒドロテストステロンがつくれないので体の外側が男性化できない。よって生まれたときには女の子とみなされるわけなのだ。

男の胎児は脳についても男性化させるわけだが、それにはテストステロンが関わっている。偽両性具有の男が、性的には女に惹かれるのは、胎児期に脳がテストステロンを十分浴びているからだろう。

そして男の体は思春期になると、テストステロンの独壇場になる。

テストステロンは声帯と喉仏、ペニスを発達させ、射精もできるようにし、精子もつくる。

偽両性具有の男はテストステロンについては問題がないので、こうしてどんどん男性化し、あたかも性転換したかのように思われてしまうのだ。

この時期にジヒドロテストステロンが何をするかと言えば、ヒゲを生やし、ニキビをつくる。

偽両性具有の男にヒゲが生えてこず、ニキビが出ないのはそういう理由からだ。

そして実は、ハゲの主たる原因もジヒドロテストステロンにある。飲む育毛剤と呼ばれるプロペシアは、テストステロンをジヒドロテストステロンに変える酵素の働きを阻害するもので、まさしく本丸の一歩手前でハゲを阻止しているのである。

第四章　謎が解けてきた！

天才たちとエイズ禍

ワイルドの受難

オスカー・ワイルドは、世界で一番有名な男性同性愛者だと言われる。超一流の作家であるうえ、同性愛を理由に逮捕され、刑にまで服した人物だからである。同性愛者といってもバイセクシャルで、結婚し、子も二人生まれたが、彼の同性愛行動はむしろ結婚後に盛んになっている。

数え切れないほどの美少年を愛した彼だが、逮捕にまで至ったのは、アルフレッド・ダグラス卿という貴族の子息と懇意になったことによる。代表作『ドリアン・グレイの肖像』が発表された一八九〇年の少し後のことだ。

ボジー（ボーイの幼児語で、坊やくらいの意味）とあだ名されたアルフレッドは、ワイルドの後輩にあたる、オックスフォード大学の学生だった。が、その通称からも察せられる通り、甘やかされた放蕩息子である。もちろん美貌の持ち主だ。彼はワイルドに男娼館を紹介し、乱交パーティーにも誘った。

これだけなら事件は起きなかっただろう。問題はボジーの父である、クインズベリー侯爵だ。

侯爵は息子がワイルドに誘惑されたものと思い込んでおり、ワイルドから息子を引き離そうと、男色家とののしるなど、これでもかと嫌がらせをした。

ワイルドは、名誉毀損で訴えようかと考える。父に不満を抱くボジーはぜひそうすべきだとそそのかす。一八九五年のことだ。

四月三日。法廷に立つワイルドは文学や芸術に必要な、秘められた「愛」について持論を述べ、さすがはワイルドと皆を唸らせた。が、それも束の間、彼と関係を持った少年たちの証言を前にたちまち窮地に立たされた。

二日後には、自宅を訪れた警部によって逮捕されてしまったのである。

実は、イギリスではその一〇年前の一八八五年に刑法が改定され、男どうしの「行為」が罪となっていた。有罪なら二年間の強制労働だ。

その逮捕された状態で、今度は彼が侯爵に訴えられる立場に変わった。息子をたぶらかした男色家としてである。

そしてまた、出るわ出るわ証言の数々。こうしてワイルドに有罪が告げられた。

もっとも、この事件には別の解釈もいくつかあって、たとえば事件自体が侯爵の仕掛けたワナであり、ワイルドは生け贄にされたというものだ。侯爵は政界にも太いパイプを持ち、彼の支持政党に数多く存在する男性同性愛者たちから市民の目を逸らそうとしたというのである（詳しくは『世界禁断愛大全——「官能」と「耽美」と「倒錯」の愛』〈桐生操著、文春文庫〉などを参照）。

ヴァージニア・ウルフを中心とした〝交流〟

オスカー・ワイルドの逮捕は、性に抑圧的だったイギリス・ヴィクトリア時代の象徴的な事件だが、二〇世紀に入るとだいぶ状況が変わる。

批評家のレズリー・スティーヴンの二男二女、つまり息子のソービーとエイドリアン、娘のヴァネッサとヴァージニアは、一九〇四年に父が亡くなると、ロンドンのブルームズベリーというエリアに移り住んだ。

ヴァージニアとは、後に作家として名声を得るヴァージニア・ウルフである。

彼らを核に、作家や詩人、画家や美術評論家などが交流し、ブルームズベリー・グループと呼ばれることになる。

画家のダンカン・グラント、ヴァネッサと結婚した美術評論家のクライヴ・ベルなどだ。グループとは少し離れたところには、経済学者のジョン・メイナード・ケインズなどがいた。彼らの交流は、ただの交流には留まっていなかった。

ヴァージニアには夫、レナード・ウルフがいたが、彼女は姉ヴァネッサの夫、クライヴとも交わり、その一方で女も愛するバイセクシャルだった。

ヴァネッサは夫のクライヴ・ベルの他にダンカン・グラントとも交わり、グラントの子を産んでいるが、そのグラントはケインズとも、四キョウダイの末っ子、エイドリアンとも、そしてブルームズベリー・グループとは関係ないが、登山家のジョージ・マロリーとも交わっている。

〝交流〟の中から一大文化が花開いたことはもちろんである。

振り子は揺れる

このような時代は一九三〇年頃まで続くが、ナチスの台頭と第二次世界大戦への流れの中で、振り子はまた反対側に振れる。戦争に行く男は、男らしくあらねばならないのだ。

同性愛は五〇年代まで厳しく取り締まられる。

この五〇年代に、我々人類は大変な損失を被ることになる。天才数学者にして、コンピューターや人工知能の父、アラン・チューリングが受けた迫害とその死だ。彼も男性同性愛者である。

チューリングは一九一二年、イギリス、ロンドンに生まれた。幼い頃から数学や科学に類まれな才能を発揮し、ケンブリッジ大学やアメリカ、プリンストン大学で学び、研究する。

第二次世界大戦中には、イギリスの暗号解読センターでドイツ軍の、エニグマ暗号機による通信文の解読に携わり、見事成功する。ただしこの輝かしい業績は彼の死後である七〇年代まで秘密とされた。

戦後は初期のコンピューターの設計やソフトウェアの開発に尽力した。

そして私などの分野と最も関係する、生物の成長についての理論、特に縞模様のような繰り返しパターンがいかにできてくるかを数学的に研究した。それが亡くなる二年前にあたる、一九五二年のことである。

縞模様のような繰り返しパターンがどうやってできるのか。それは、二つの物質が互いの合成をコントロールしており、濃度の分布が濃淡となって繰り返し模様になる、というのである。

この現象を「チューリング波」、または「チューリングパターン」という。

チューリング波の存在を実際の生物で証明したのは、大阪大学大学院生命機能研究科教授の近藤滋氏で、一九九五年のことだ。

近藤氏はタテジマキンチャクダイという魚に注目した。その名の通り縞模様を持つ魚なのだが、魚で言う縦と横は、我々の感覚とは逆になる。

魚の縦と横とは、たとえばテーブルの上に魚の尾を手前、頭を向こう側にしておいたときの様子を言う。だからタテジマキンチャクダイは泳いでいる時には、横縞の状態になるのである。

ともあれ、近藤氏は関西の水族館や熱帯魚店をいくつか回り、タテジマキンチャクダイの縞模様が増えるかどうかについて聞き取り調査をした。たいていの場合、あいまいな回答しか得られなかったが、ある熱帯魚店のおばちゃんが「縞模様は増える」と断言したため、観察を始めたという。

タテジマキンチャクダイの縞模様には、時々Y字型になっている部分がある。この部分を何カ月も観察していると、まるでジッパーが開くようにYの部分が開いていき、ついには二本の縞に分かれる。これこそがチューリング波が実際の生物に存在するという証明になっているのである。

チューリングの悲劇

チューリングが生物の繰り返し模様についての研究を発表した五二年は、同性愛の罪に問われた年でもある。

発端は彼がアーノルド・マレーという一九歳の少年と何回か性交渉に及んだことにある。彼はマレーにポケットナイフをプレゼントしたが、金銭的に困窮しているマレーとしては品物よりも現金が欲しかった。

そこでまずチューリングのポケットから現金を盗み、数日の後には仲間をチューリングの家に招き入れた。泥棒である。

それでもチューリングはマレーと性交渉を続けたが、最後には泥棒の主犯格として彼を地元警察に連行した。ところが尋問を受けるうちにマレーとの同性愛の関係を自らしゃべり、数回の性交渉について認めてしまったのである。

天才とバカは紙一重とはまさにこのことで、彼はアスペルガー症候群の天才としてよく例にあがる。

アスペルガー症候群とは、知的障害はないものの、コミュニケーションなどにやや障害があり、何らかの分野に特別な興味を持ち、天才的な能力を発揮する人々の症状を言う。発達障害の一種である。

裁判の結果、アラン・チューリングは、一年間にわたる収監か、オルガノ療法なる、女性ホルモンの投与を受けるか、のどちらかを選ぶよう言い渡された。

収監されれば、彼が属していた、政府通信本部で働くことは二度と叶わなくなる。彼は後者を選んだ。

当時のイギリスでは、彼の戦時下での国家レヴェルでの功績はそもそも秘密にされていたし、天才的科学者であり、人類の未来に多大な影響を与えるであろう研究についても、古い法律の前ではまったく無力であったのだ。

この翌年の一九五三年は、ジム・ワトソンとフランシス・クリックがDNA二重らせん構造を解明した年である。二〇世紀最大の発見とも言えるこの研究だが、翌五四年、チューリングはわずか四一歳でこの世を去ってしまう。

ベッドに横たわった状態で発見された彼は、検死の結果、青酸カリ中毒による死であることがわかった。傍らには食べかけのリンゴが残されていた。

しかし自殺なのか、事故なのかは不明である。

ただ、彼に自殺の兆候がまったくなかったこと、寝る前にリンゴを食べる習慣があること、化学実験、特に金メッキをするために青酸化合物を扱っており、しかも極めて注意散漫な彼のことだから、リンゴをひょいと青酸化合物の液の上に置くなどしたための事故ではないかという推論がある。

真相はどうであれ、彼がせめてあと一〇年長く生きていたなら、人類の歴史はどれほどの変化を見せていただろう。これほど死が惜しまれる人物もそうそういないのではないだろうか〈アラン・チューリングについて詳しくは『チューリング——情報時代のパイオニア』〔B・ジャック・コープランド著、服部桂訳、NTT出版〕参照〉。

解放からエイズ禍へ

そして六〇年代。振り子がまた反対側に振れ、あらゆるものが解放へと向かう。女性、アメリカのニグロイド、同性愛者も然りだ。オスカー・ワイルドを逮捕に至らしめ、アラン・チューリングに女性ホルモンの投与を強制した、あの法律は、六七年に廃止となっている。

七〇年代になると、振り子はもはや振り切れすぎの状態になる。この時代のつけが、八〇年代のエイズ禍へとつながるのである。

エイズ（後天性免疫不全症候群）については八五年、アメリカの俳優で、男の中の男とでも言うべきロック・ハドソンがこのウィルスに感染しており、自身が同性愛者であることを告白。同年に亡くなったことで一躍世間に知られることになった。最初の報告は八一年、アメリカである（エイズと推測される例なら五〇年代にある）。

つまり新しく人間界に登場した感染症なのだが、アフリカの霊長類にはそもそも人間のエイズウィルスに似た、サルエイズウィルスなるものが蔓延している。彼らは感染しても、発病はしない。人間のエイズウィルスもこれらのウィルスに由来するのではないかと考えられ、遺伝子が比較されたところ、人間とチンパンジーのものとがそっくりであることがわかった。アフリカにはチンパンジーを捕え、食べる人々がおり、たとえば解体作業中に血液を介して感染し、その後世界的に広がったのかもしれない。

八〇年代から九〇年代にかけてエイズが猛威をふるい、フレディ・マーキュリーを始めとする多くの得難い人材が命を落としたことは周知の通りだ。

九〇年代以降になると、同性婚がいくつかの国で認められることになる。それは人権が認められたこともあるが、エイズ禍から得た教訓によるものでもあり、ペアの関係をしっかり築こうということであるらしい。

同性愛について社会がどう捉えるのか。主に欧米での一九世紀末からの流れを見ても、たった数十年で振り子は両端を行き来しているのである。

なぜ兄の数が多いのか――ブランチャードとボガートの調査

キョウダイの後の方に多い

同性愛行動には必ず、何らかの適応的な意味がある。だからこそ同性愛に関わる、あるいは同性愛者になる確率を高める遺伝子（それは一つとは限らない。おそらく複数ある）が今日まで残ってきている。

これが、動物行動学やその周辺の分野の人々が、共通して持っている認識である。

これから紹介する研究と、それによってわかった事実とは、実はこの認識から少しはずれている。それでも、男性同性愛者の七人に一人くらいがこの理由によって同性愛者になっているという推定もあり、決して無視することはできないものだ。

それは……兄の数である。

自分の母親が産んだ、兄の数だ。

そもそも男性同性愛者は、キョウダイの中でも後の方の順番に生まれている傾向にあること、しかもキョウダイの中に男が多い傾向にあることが、既に一九五〇年代、六〇年代の研究でわかっていた（キョウダイの下の方だと親に甘やかされて育つとか、男の兄弟が多いと、ケンカをして揉まれて育つ、などという環境との関わりは問題にされていない）。

しかしこの時代には、男性同性愛者がキョウダイの後の方に多いという現象が、兄が多いためなのか、姉も絡むのかがはっきりしていなかった。

兄、姉、弟、妹を厳密に区別して調査

そこで一九九六年、カナダ、トロント大学のR・ブランチャードはA・F・ボガートと初めて共同研究をした。

ブランチャードは実は、その何年も前から男性同性愛者について、生まれたときの親の年齢や、男の兄弟の割合について研究していたのだが、兄、姉、弟、妹、とキョウダイを厳密に区別して調査したのはこれが初めてだった。

ブランチャードとボガートは、カナダのトロントとその周辺の都市から、薄謝進呈（一〇カナダドル。当時の円に換算すると七〇〇円あまり）で被験者を集めた。

まず同性愛者については、同性愛者のコミュニティーと、九四年にトロントで行なわれ

たゲイとレズビアンのパレードに参加していた男性から。

異性愛者については、「ロータリークラブ」のような社会奉仕団体の組織をいくつかと、二つの大学のキャンパスにビラを貼って集めた。

こうして合計で八七七人(一八〜八二歳)が集まったが、さらに次なる条件に一致するかどうかで選り分けた。

①コーカソイド(ヨーロッパ系)であること。

生まれたときの男女の比は男にやや偏る(男の方が多い)ことはどの人種にも共通しているのだが、人種によってその偏りに違いがある。出生時の男の割合は我々が属するモンゴロイドが一番多く、次いでコーカソイド、ニグロイドの順である。

こういうふうに三大人種で違いがあるというのに、人種を限定せずにキョウダイにおける男の割合などというものを調べるわけにはいかない。カナダであるから被験者はほとんどがコーカソイドであり、コーカソイドに限定した次第。

②双子ではないこと。

この研究においては双子は除外しないと混乱を招いてしまうだろう。

③自分の出生時の父親と母親の年齢がはっきりわかっていること。

これについては当然というしかない。

④自分の母親が産んだ子のすべてが把握できていて、父親以外の男との間に子をなしていないこと。

なぜこの点を押さえるかについては後で説明するとして、ともかく父親違いのキョウダイが介入すると、問題の論点がぼやけてしまうのだ。

結局、条件にあったのは七三六人だった。これらの人々にいよいよ性的指向を訊ねるわけである。

すると、まず二人の例外があった。

ゲイパレードの際に集めたのに、自分は異性愛者だと答えた例と、社会奉仕団体で集めたが、自分は同性愛者だと答えた例だ。

前者についてはどういうことなのかわからないが、後者の場合に同性愛者が一例しかないというのも、考えてみれば不思議だ。

社会奉仕団体のメンバーは性的指向に関係なく集まってくるはずである。とすれば、キンゼイ報告やその他の調査でわかったように、社会奉仕団体においても男の数%が同性愛オンリー、十数%がバイセクシャル、というような結果が現れても不思議はないはずなのだが。

そして同性愛者のうちバイセクシャルは「たった一四例」しかなかった、とブランチャードらは少し驚きを表している。

とは言うもののこれはある意味、当然ではないだろうか。バイセクシャルの男は、奥さんがいたり、彼女がいたりする一方で、同性愛者としての行動も行なっている。一見したところでは異性愛者と変わらない。だから同性愛オンリーの男のように同性愛者のコミュニティーにわざわざ参加し、悩みを打ち明け合ったり、相談したりするという必要をあまり感じないのではないだろうか。あるいは、コミュニティーに参加できないことで、より悩みが深い場合もあるかもしれない。

こうして同性愛グループ、三〇二人と、異性愛グループ、四三四人という内訳になったが、一つ問題があることがわかった。

異性愛グループの男の生まれた年が、妙に古い（二〇世紀初め）か新しい方に偏って、中間の層が薄いのである。

とはいえ、それもそのはずで被験者は、社会で成功した中高年が集まる「ロータリークラブ」のような社会奉仕団体と、若者が中心である大学のキャンパスで集めているからだ。

そこで異性愛グループは、同性愛グループと年齢がほとんど変わらず（どちらも平均で三八歳くらい）、人数もぴたりとあう三〇二人に絞られた。彼らはキョウダイの数、教育レヴェルについても同性愛グループとほぼ同じである。

兄が一人増えるごとに三三％増し!?

させていよいよ、だ。同性愛グループと異性愛グループとでは、いったい何に違いが現れるのか。

まずは本人が生まれたときの親の年齢。

親が年をとっていると、精子や卵に遺伝子の突然変異が蓄積されているはずだ。その影響が子の性的指向に現れる可能性がある。

が、それはまったく関係がなかった。同性愛グループと異性愛グループとで、本人の出生時の父親の年齢にも、母親の年齢にも、差は現れなかったのである。

そしてキョウダイの数だが、両グループで姉の数も、弟の数も、妹の数も違いはなかった。

違いがあったのは、兄の数のみである。

同性愛グループには兄が多い！

それまで言われてきた、同性愛者がキョウダイの後の方に生まれているという傾向も、キョウダイに男が多いという傾向も、単に兄が多いという事実の副産物にすぎなかったのである。

この研究の中でのわかりやすいデータを見てみよう。合計で六〇四人（同性愛者、三〇二人、異性愛者、三〇二人、と同じ人数である）の被験者のうち、兄がいないのは三六三人である。うち同性愛者は一六五人。同性愛者は、兄がいない被験者の四五％を占める。

兄が一人いるのは全部で一六一人で、うち同性愛者は八五人。同性愛者は、兄が一人いる被験者の五三％を占める。

兄が二人いるのは全部で五三人。うち同性愛者は三四人。同性愛者は、兄が二人いる被験者の六四％を占める。

兄が三人いるのは全部で二〇人。うち同性愛者は一二人。同性愛者は、兄が三人いる被験者の六〇％を占める。

そして兄が四人以上いるのは全部で七人。うち同性愛者は五人。同性愛者は、兄が四人以上いる被験者の七一％を占める。

このように、すべての被験者を兄の数によって分類すると、兄の数が多い場合ほど、同性愛者の占める割合が高くなっていくことがわかる。

もし同性愛と兄の数との間に何の関係もないのなら、兄の数に関係なく、同性愛者の割合はほぼ五〇％あたりになるはずで、だんだん増えるなどということはない。なぜなら両グループの数はどちらも三〇二人とぴったり同じにしているのだから。

だが、兄の数が増えるに従い、同性愛者の割合は増えるのだ。

ブランチャードらによると、兄が一人増えるごとに、男の子が将来同性愛者になる確率は、三三％増していく勘定になるという。

これだけ聞くと、とんでもない増え方に思われるが、そういうわけでもない。ブランチャードらの推定によると、兄が四人いる男の子であっても、将来、同性愛者になる確率はたった六％。残り九四％は異性愛者になるだろうという。

ともかく理論上の計算によれば、男性同性愛者の七人に一人は、兄がいることが原因となっている、とブランチャードらは結論付けているのである。

男の子を多く産んでいるほど男の胎児を攻撃する

それにしてもなぜ、兄の数なのか？

姉はなぜ関係がないのだろう？

それは……兄が男であるのに対し、姉は女だからである！

そんなの当たり前、と思われるかもしれないが、この当たり前なところを見逃してはならない。

そもそも女が子を身籠ること自体、大変な出来事だ。胎児は自分と相手の男の遺伝子を半々に受け継いだ存在で、いわば半分は自分であり、半分は他人である。

その他人の部分においては異物であり、免疫的に拒否反応が起きても不思議はない。しかし、そうはならないよう我々の体はできている。

胎児と母親とがつながっている場所である胎盤は、まさに関所のような役割を果たしており、栄養以外の物質はなるべく通れないようになっている。もっともそれでも解決できていない問題が微妙に残されている。

それらのうち、最大の問題の一つが、女が男の子を身籠った場合だ。男しか持たない性染色体、Yからつくられる、男しか持たない物質が、この関所を通り、母親の体内に侵入してきた場合、異物とみなされてしまうのである（男の性染色体はXY、女の性染色体はXXという状態）。

その物質、H‐Y抗原は、男の体の細胞の表面などに存在している。母親が男の子を身籠っているとき、母親の血液の中にこの抗原に対する抗体がつくられることがある。それは男の胎児を免疫的に攻撃し始めるわけだが、H‐Y抗原は何と、脳の細胞表面に特に多く存在するという。

つまり、母親の抗体が男の胎児の脳を攻撃し、彼の脳の男性化を阻止するかもしれない――。

攻撃の確率は、女が男の子をより多く身籠るほど、高くなっていく。兄が多い男の胎児ほど、母親から免疫的に攻撃され、脳の男性化が阻止される確率も高くなるだろうというわけである。

条件の④で、自分の母親が父違いの子を性別に関係なく産んでいないことを確かめたのは、このように過去に何人男の子を身籠ったかが重要なので、前の結婚で男の子を産んでいると話がややこしくなる。そこで、そういう条件を性別に関係なく、とにかく除外したというわけである。

兄の数というのは、男性同性愛を説明するうえでわずかではあるものの、しっかりとした理由となっているのである。

同性婚の開拓者たち──アクスギルとエルトン・ジョン

舌を噛みそうな姓

アクセル・アクスギルとアイギル・アクスギルと聞いて、「ああ、彼らね」とわかる人は滅多にいないだろう。それよりも、何でこうも舌を噛みそうな、早口言葉のような名前の持ち主二人組なのだろう、という疑問を抱く方が多いに違いない。

アクセルとアイギルは、ともにデンマークの男性である。アクセルが一九一五年生まれで、元々はアクセル・ルンダール＝マトセンという名だった。

アイギルは一九二二年生まれで、元々はアイギル・エスキルトセンという。

実は彼らこそが、一九八九年に世界で初めて同性婚を果たしたカップルなのである。

同性婚と言っても、この場合はパートナーシップ法によるものである。

パートナーシップ法は、市民パートナーシップ法（シビルパートナーシップ法）、ドメスティックパートナーシップ法などとも言われ、男女の婚姻と同じ程度の権利と義務を同性間の婚姻にも与えるというものである。デンマークが一番早く、一九八九年に成立し、施行されたのだが、そのために四〇年以上もの間、活動してきたのが、他でもないアクセルとアイギルなのである。

二人の出会いは、一九四九年にまで遡る。その前年に発表された国連の「人権宣言」（世界人権宣言）に、多くの仲間とともに心を動かされた。やがてデンマーク初の男性同性愛者の組織、「F-48」を主宰し、五一年にはメンバーは一四〇〇人ほどに達する。

しかし、この勢力拡大が原因なのだろうか、二人は投獄されてしまう。

そして、獄中にあった一九五七年、二人は互いのファーストネームである、「アクセル」と「アイギル」を融合させ、「アクスギル」という新たな姓をつくった。

互いの絆を強めると同時に、世間にもっとアピールするためだろう。二人の名を並べて言うと舌を嚙みそうになってしまうのはこのためである。

一九八五年、F-48は「Danish National Association of Gays and Lesbians」（全国同性愛者協会）と名を変え、二人は雑誌の刊行もした。

そうして長年の活動が実を結び、八九年一〇月一日、両アクスギルともう一〇組の同性カップルは、コペンハーゲン市長代理の立ち会いのもと、コペンハーゲンの市役所（公会堂）で結婚したのである。

エルトン・ジョンの同性婚と息子の誕生

完全な同性婚とパートナーシップ法による同性婚との一番の違いは、国にもよるが、たとえばデンマークなら、後者では養子縁組ができない、教会で婚姻が認知されない、人工授精に保険が利かない、といったことである（このうち養子縁組については二〇〇九年に制限が取り除かれた）。

パートナーシップ法によって同性婚を実現させた有名人は多いが、特に有名なのはエルトン・ジョンだろう。

彼は一九八四年にレコーディング関係の仕事をしていたドイツ人の女性と結婚したが、八八年に離婚。

二〇〇五年、イギリスでパートナーシップ法が施行されるや否や、一二年来のパートナーであるカナダ人の映画製作者と同性婚をした（ということはドイツ人の女性との離婚後につきあいが始まった）。

その後の経過についてはよくわからないが、彼がプライベートで再び注目を浴びるのは二〇〇九年九月である。

ウクライナの孤児院にいた、エイズウィルスに感染した、生後一四カ月の男の子を養子にしようとした一件である（イギリスのパートナーシップ法においては養子縁組が認められている）。

残念なことにそれは、ウクライナ政府に却下された。ウクライナにはパートナーシップ法がなく、同性婚カップルが養子を持つことはできないし、そもそもエルトンが子を持つには歳をとりすぎていること（当時、六二歳）も指摘された。

さらには、その子の実の母が反対したこともあり、断念せざるを得なくなった。彼女も息子と同じくHIV陽性、つまりエイズウィルスに感染しているうえに（というか彼女から息子に感染した）、アルコール依存症であり、当然貧困である。ゆえに子を施設に預けていたのだ。

そうして二〇一〇年も押し詰まった頃、びっくり仰天のニュースが飛び込んできた。

エルトンたちカップルが子を授かった。代理母がちょうどクリスマスの日である一二月二五日に男子を出産したというのである。

代理母たる女性はアメリカ、カリフォルニア州在住であり、当地で産んだことは確かだが、卵が誰のものなのか、精子がエルトンのものか、パートナーのものか、それとも第三者のものなのか、一切明らかにされていない。

ただし、子の名前は「ザッカリー・ジャクソン・レヴォン・ファーニッシュ＝ジョン」という。

ザッカリー・ジャクソンの名の由来についてはわからないが、レヴォンはエルトンの一九七一年のアルバム中の一曲のタイトルから、ファーニッシュはパートナーの姓、ジョンはもちろんエルトンからである（もっともエルトン・ジョンは芸名であり、彼の本名にはエルトンもジョンも含まれていない）。

実を言うと二〇一〇年春、イギリスでは法律が変わり、子の出生証明書に同性の両親の名が記されてもよいことになった。

エルトンたちカップルは、二〇〇五年の同性婚といい、二〇一〇年末の代理母による出産といい（ということは代理母が受精卵を子宮に着床させたのが、法律が変わった二〇一〇年春頃?）、イギリスにおいてできうることを、すべていち早く実行してきたことになるのである。

フランスで人気の「パックス婚」

同性婚は初め、パートナーシップ法を利用することで行われてきたが、やがて同性婚自体が多くの国や地域で認められるようになった。同性婚が認められている国を法律施行日の早い順に並べると、二〇〇一年のオランダから始まり、ベルギー、スペイン、カナダ、南アフリカ、ノルウェー、スウェーデン、ポルトガル、アイスランド、アルゼンチン、デンマーク、ブラジル、フランス、ウルグアイ、ニュージーランド、イギリス（北アイルランドを除く）、ルクセンブルク、アメリカ（二〇一五年に全州で）、アイルランド、コロンビア、フィンランド、マルタ、ドイツ、オーストラリア、オーストリア。そして台湾は二〇一九年五月までに、コスタリカは二〇二〇年五月までにそれぞれ施行予定だ。

パートナーシップ法を持つのは、アンドラ、イスラエル、イタリア、エクアドル、オーストリア、キプロス、ギリシャ、イギリス、クロアチア、コロンビア、スイス、スロベニア、チェコ、チリ、ハンガリー、フランス、ベネズエラ、メキシコの一部の州、リヒテンシュタイン、ルクセンブルク、ニュージーランド、オランダ、ベルギーである。

このうち、同性婚が実現するまでの間にパートナーシップ法を設けていた国では、同性婚実現後新たにパートナーシップとなることを認めないのが普通である。そしてデンマーク、スウェーデン、ノルウェーなどではパートナーシップ関係にあるカップルはそのままこの制度に留まってもよいことになっている（出典『NPO法人EMA日本』）。
日本はどうかというと、二〇一五年の東京都渋谷区、世田谷区を皮切りに、いくつかの市や東京都の他の区でも、パートナーシップを認める条例が施行されるようになっている。

フランスではそれどころか、何と異性愛の男女がパートナーシップ法を利用した結婚の形をとるケースが増えてきている。

フランスでパートナーシップ法に当たるのは、「民事連帯契約法」である。「Pacte Civil de Solidarité」、略してPACS（パックス）。

一九九九年に成立し、施行されたが、二〇〇五年に税制や子どもの親権について、男女が結婚した場合とほぼ同じ法的優遇措置がとられるようになるや、異性愛のカップルがどっとなだれこんだ。パックスには同性愛者限定という項目がなかったからだ。

フランスでは今やこの「パックス婚」と事実婚をあわせた婚姻の形が、全体の半分強になるという（事実婚といっても日本とは違い、子の養育や相続に関する権利が正式に結婚した場合とほとんど変わらない）。

パックス婚が人気なのは、正式な結婚よりもはるかに手続きが簡単なこと。ということはその逆（パックス解約）も簡単だということである。カトリックの影響が強く、結婚、離婚の手続きがややこしいフランスで歓迎されるのも当然ということだろうか。

アクセルとアイギルのその後

世界初の同性婚カップル、アクセルとアイギルだが、アイギルはアクセルと出会って四六年後、結婚して六年後の一九九五年に七三歳で没している。

そしてアクセルは二〇一一年に九六歳で亡くなっている。

しかし死の二年前、二〇〇九年にコペンハーゲンで開かれた第二回「ワールド・アウトゲームズ」で堂々たるスピーチを披露した。

ワールド・アウトゲームズとは、LGBT（L：レズビアン、G：ゲイ、B：バイセクシャル、T：トランスジェンダー。トランスジェンダーは心と体の性が一致しない人の意）によるスポーツとカルチャーの祭典で、このとき世界九二カ国から五五一八人が参加している。

陸上、水泳、バドミントン、バレーボール、バスケットボール、テニス、サッカー、アイスホッケー、フィギュア・スケートといったオリンピックにある種目の他に、ゴルフ、ダンス、エアロビクス、カントリー・ウエスタン・ダンスなどもある。

オリンピックと違い、自費で参加することになるが、スカンジナビア航空やＩＢＭがスポンサーとなり、デンマークの各労働組合までもがバックアップしている。根強い差別の残る地域（東ヨーロッパ、中東、アフリカ、アジア、ラテンアメリカなど）からの参加者に対しては、費用の一部を自己負担するだけで残りはサポートしてもらえるというのである。日本は、根強い差別の残る地域には含まれていないが、この大会の結果はメダルゼロ。参加者が八人しかいなかったからだろう（とはいえジャマイカなどは参加者六人でメダルを五個も獲得している。お得意の陸上競技によるのだろうか。ちなみにアメリカはメダル最多で、五一三個！）。

プラクティス仮説——セックスには練習が必要だ

オルガスムスのタイミング

この本で紹介しようとしている、男性同性愛行動についての本命仮説。コロンブスの卵としか言いようがない、あまりにも単純なこの仮説は、男性同性愛行動の謎の八割くらいを説明するのではないかと思う。

そうとなればすぐにでも紹介したいところだが、まずは、謎の一割くらいを説明すると私が感じている仮説を紹介したい。なるほど、そういうことは大いにあり得る、と納得していただける自信はある。

それは、プラクティス仮説という。男の同性愛行動はプラクティス、つまり練習だというのである。イギリスのR・ロビン・ベイカーとマーク・ベリスが一九九五年に発表した。

彼らの考えるところによれば、男性同性愛者の主流はバイセクシャルにある。同性愛のみの男は少数派だ（実際、多くの調査でもそういう結果になっている）。

そのバイセクシャルの男の行なう同性愛行動が、異性愛行動のための、つまりは自分自身の子を残す活動のための練習になっているというのである。

しかし、なぜわざわざ練習なんてする必要があるのだろう？

セックスは動物として、人間として我々に元々備わっているごく基本的な行動ではないのか？

ところが、だ。たとえば、女が排卵期にセックスをオーケーしたとする。

さあ、子どもができるぞと誰しも思うだろう。でも、それではまだ子をつくることにはほど遠い。

女の生殖器は複雑怪奇なつくりになっている。膣の一番奥の、子宮の手前は子宮頸部《けいぶ》（または子宮頸管）と呼ばれ、きゅっとくびれていて、おまけにその壁面には行き止まりの穴が無数に口を開けている。精子としては、下手をするとそういう穴に向かったが最後、子宮にも、さらに奥の輸卵管（ここで受精が起きる）にも到達できないことになる。

セックスの前や最中に女が生殖器に分泌する粘液は、感じているから分泌しているだけではなく、まずはペニスによる摩擦から膣を守るという役目がある。それどころか実は精子殺しの粘液でさえある。強い酸性により精子を殺し、同時に膣を殺菌するのだ。

卵の受精のために精子は、これほどまでに過酷な条件をクリアしなければならないというわけである。

とはいえ、これらの過酷な条件については、男がいくら「練習」したからってどうなるものでもない。放出される精子の数が多いこと、これらの条件に負けない、精子の質の良さが問題だ。

その点、女のオルガスムスのタイミングという問題についてはまだ何とかなりうる余地が残されている。

話は少々長くなるがつきあっていただきたい。

もし自分がオルガスムスに達する前に、女が達したとする。男は得意気にこう思うだろう。

「ふふ、オレのテクニックに早くも撃沈か」

ところが、これがとんだ大間違いだ。

男よりも早い女のオルガスムス到達は、その男の精子の受け入れ拒否を意味する。すぐにいけば女は男を大歓迎し、嫌がっているなんて夢にも思わないだろう。が、真相は逆だ。女はオルガスムスに達すると、大量の粘液を生殖器に分泌させる。その後やってくるであろう精子に対し、防御壁を築いてしまうのだ。

一方、女のオルガスムスが男とほぼ同時か、後ならば、今度は正反対の働きをなす。女のオルガスムスは、既に存在する男の精子を、強力に吸い上げることになるのだ。

こういうタイミングの女のオルガスムスは男を受け入れることを意味する。

こんなベイカーらの説明に、私は当初、頭では理解することができても、心ではまったく納得がいかなかった。

今ここに、肩をちょっと触れられただけでも全身に電流が走るようなとびきりのセクシーな男がいたとする。その男と、いったいどうしてそんなことになってしまったのだろうか、ベッドにいる。そしてこれまた信じられないことに、行為にまで及んでしまっているではないか（あくまで妄想モードの話）。

私は、どうなる？

すぐにでも？　あっと言う間に？

ところがその後、こんな研究が現れた。ランディ・ソーンヒルという、俳優かと思うほどのイケメンで、実生活でも〝活躍〟しているアメリカの研究者によるものだ。

女から見て魅力的な男ほど、女を効果的にいかせる。というか、魅力的な男に対して女は受け入れ型の、遅いタイミングでオルガスムスに達する傾向があるというのだ。彼は、実生活上のカップル八六組を被験者にした研究で証明している（詳しくは拙著『シンメトリーな男』〔文春文庫〕参照）。

こうして私はベイカーらの説明に、何とか納得することができたのだった（それでもまだ釈然としないのだが）。

そんなわけで男として何とかできる余地としては、女が拒否型オルガスムスに達することをなるべく阻止し、受け入れ型のオルガスムスに誘導させるということがある。そのために男を相手に「練習」することが、実はとても大切になるのである（もちろんそんな練習をしているとは本人は知らない。ただ何とはなしに会得していくだけだ）。

ピストン運動の意味

女のオルガスムスのタイミングの他にもう一つ、男が練習によって改善できる問題として、男が射精する前に、何十回、何百回とするスラスト（いわゆるピストン運動）がある。

しかしそもそも、なぜそんなにも多くの回数のスラストをしなければならないのか？　それほどまでにスラストしないと射精できない、というのは理由にならない。チンパンジーなどは七〜八秒で到達。まさに三こすり半なのだ。

人間の男がそれほどまでの回数のスラストをするのは、実はその女に前回射精した男（自分自身のこともある）の精子をほぼ完全に掻き出したうえで自分の精子を注入するためなのである。

その確たる証拠が、まずはペニスの先にある返しである。

実際、アダルトグッズを利用したある研究では、返しのあるペニス模型では九一％の〝精液〟（コーンスターチを水で練って摸している）を掻き出せたのに対し、返しのないペニス模型では三五％しか掻き出せなかった。

さらに掻き出しのためには膣により密着させることが必要で、あのように太くなったし、より深く挿入し、より深いところの精子を掻き出すために長くもなったのである。

これをベイカーらは「サクション・ピストン仮説」と名づけている。完全に近い掻き出しの必要性から、人間の男のペニスは霊長類の中で最大のものになり、チンパンジーもゴリラも、人間の足元にも及ばないのである。

このほぼ完全に掻き出すという目的のために、人間では何十回、何百回とスラストしないとオルガスムスに達しないよう、感受性の方が調整されているということなのだろう。

ともかくこの、よりよき掻き出しのためのテクニックというものも当然あるはずで、これまた男を相手にした「練習」は欠かせないということになるのである（もちろん、当の本人に掻き出しの練習をしているという意識はない。やはりまた何とはなしに会得するのだ）。

このように、女を妊娠させるという行為は実は想像以上に難しい。そのために男を相手に練習を積むことが大切だ、とベイカーらは主張しているのである。むろんバイセクシャルの男本人たちは、そんなからくりがあるなどとはつゆ知らない。本能の赴くままに行動しているだけなのである。

バイセクシャルの男が本領を発揮するのはたとえば、パートナーがいる女を相手にする場合だろう。

女は、パートナーと浮気相手（バイセクシャルの男）の両方とほぼ同時期に交わることが多い。しかも女は無意識のうちにその時期として排卵期を選んでおり、精子競争が起こることになる。

精子競争とは、一つの卵の受精を巡り、複数の男の精子が争うことだ。

そういう競争状態でこそ、日頃の練習の成果がより発揮されるに違いない。ばっちり掻き出し、女をタイミングよくいかせる……。

男性同性愛者は男性異性愛者と比べ、五分の一程度しか子を残さないとされているが、こうしてみるとそれは見かけ上のことかもしれない。戸籍の上で、あるいは認知している限りにおいてそうだというだけで、実は潜在的には非常に多くの子を残している。彼の持つ、男性同性愛に関わる遺伝子も大いに次代へと伝えられているのではないだろうか。

パブリック・スクールで〝練習〟？

プラクティス仮説はベイカーらの言う範囲、つまりバイセクシャルから少し拡張し、こんな現象をも説明することができるかもしれない。

全寮制のパブリック・スクール、修道院、お寺、軍隊、刑務所など、女がいない状況で行なわれる男性同性愛行動。あるいは文化人類学の分野で研究されている、妻をめとるまでなど、期限をつけての、通過儀礼としての男性同性愛行動。

特に同性愛という性的指向がなくても行なわれる（と思われる）行動だ。「と思われる」、というのは確認のしようがないからである。

女がいない状況で性欲の処理のためだと普通説明されており、それが第一の意味だろうし、きっかけにもなっているだろう。

しかし女を妊娠させることが実はとても難しいのなら、生殖能力を持っている男としては時間をムダにするわけにはいかない。男を相手に練習あるのみである。

昔の日本の衆道も同じように説明されるのではないだろうか。

衆道は、既に紹介したように中世以降に武士たちの、主に主従の関係の確認や絆を強めるための行為として行なわれたとされている。戦国武将なら寵愛する若い武士がたいてい存在していたという。

戦場に女はいないから、まずは性欲解消の意味があるだろうが、セックスの練習の意味もおそらくあるはずだ。その際、相手は美少年のような、女と見紛う存在の方が抵抗が少なくて、より練習がしやすいのであろう。

いよいよ本命仮説登場！

X染色体に関する理論

天才理論家、R・L・トリヴァースはヘルパー仮説をいち早く提出した人物だが、その後、男性同性愛のパラドックスに対して、こんなことを言っている。

「一個のX染色体が女性のなかにいる時間は男性のなかにいる時間の二倍なので、これが女性の生殖能力にとって有利な性的拮抗遺伝子ならば、たとえ男性の生殖能力に二倍の悪影響を及ぼすにしてもなお生き残る可能性がある」（『ゲノムが語る23の物語』マット・リドレー著、中村桂子・斉藤隆央訳、紀伊國屋書店）

「これ」と言うのは男性同性愛に関する遺伝子、あるいは男性同性愛者になる確率を高める遺伝子のことである。

性染色体は女でXX、男でXYという状態なので、遺伝子が世代から世代へと時間の旅をするという観点からすると、女はXを二つ持ち、男の二倍持っているから一個のX染色体が女の体の中にいる時間は、男の体の中にいる時間の二倍になるということだ（もっとも、ここで少し補足をすると、生殖細胞がつくられるときに染色体どうしで一部を交換する、交差という現象は、ここでは便宜上カットされている。女の二つのXどうしでも交差が起きるから、Xは丸々一本ずつ次世代に残されるのではない。厳密に言えば、X上にある遺伝子は、女の中にいる時間が男の中にいる時間の二倍に及ぶ、である）。

ともあれ、それだけ長い時間女の体に存在し、女の繁殖にとって有利な働きを、X上にある男性同性愛遺伝子が持っているとするのなら、たとえそれが男の体に存在して彼の繁殖に不利になる働きをしたとしても、その不利を十分補いうる。だから男性同性愛遺伝子は消え去らずに残っているのだろう、というのである。

カンペリオ＝キアーニらの研究

実はこれでもうほとんど言い尽くされたようなものだが、あくまで理論である。トリヴァースからこうした助言を得て実際に研究したのは、イタリア、パドヴァ大学のアンドレア・カンペリオ＝キアーニらである。パドヴァ大学と言えば、あのガリレオ・ガリレイが教授をつとめた大学ではないか！

カンペリオ＝キアーニらが行なったのは、とにかく原点に帰ることだった。男性異性愛者と男性同性愛者（バイセクシャルも含む）の、それぞれの家系調査だ。

異性愛グループは、北イタリアのある地域のアフターワーク・クラブ、二つと、ディスコ、二つから集め、計一〇〇人。

同性愛グループは、同じく北イタリア地域にある同性愛者の団体、三つと、ディスコ、二つから集め、計九八人。

彼らの血縁者も含めると四六〇〇人を超える大集団となった。異性愛、同性愛の両集団は、年齢（どちらも平均で約三三歳）、教育レヴェル、職業的地位に差はない。

調査はアンケートによる。自身の性的指向（自己申告と性的な自意識、ファンタジー、惹かれる相手、想像、行動、の五項目についてのキンゼイのスケールを併用）とキョウダイ、イトコ、親、オジ、オバ、祖父母の性的指向について。

キョウダイについては出生順、性別についても答える。

結果は……まず従来の研究と同じで、男性同性愛者には、父方よりも母方に男性同性愛者が多い。

男性同性愛者の母方、父方の血縁者に男性同性愛者が存在するケースは（単位は人）、

母方：22／396
父方：12／593

一方、男性異性愛者の母方、父方に男性同性愛者が存在するケースは、

母方：0／370
父方：8／604

キョウダイについてはさらにまた従来の研究結果と同じで、男性同性愛者には男の兄弟が多いことがわかった。

	男	女	（人）
異性愛者のキョウダイ：	57	57	
同性愛者のキョウダイ：	69	45	

キョウダイについてはもちろん出生順についても男性同性愛者は後の方であることが多く、兄が多い傾向にあった。

そしてこの研究の最大の山場は、血縁者の繁殖状況である。

すると……男性同性愛者の母方の血縁者が、男性異性愛者の母方の血縁者よりも子を多くなしている。

両集団の父方についてはこういう違いは見られない。

さらにその違いは、母方の女の血縁者、それも母と母方のオバとで特に現れる。

男性同性愛者の母と、母方のオバが、男性異性愛者の母と母方のオバよりも、よく子をなしているのである！

（子の数の平均）

男性同性愛者の母（九八人）：2・69

男性異性愛者の母（一〇〇人）：2・32

男性同性愛者の母方のオバ（九五人）：1・98

男性異性愛者の母方のオバ（一二一人）：1・51

母の子の数が、母方のオバの子の数より少し多いことに疑問を感じられるかもしれない。しかしここでいう母とは、少なくとも一人、子（被験者）を産んでいる女という意味である。子を産んでいないというケースはない。それに対し、母方のオバの場合には一人も子を産んでいないケースも含まれているからなのだ。

ともあれ、同性愛者と異性愛者で、あんまり差がないじゃないかと思われる方もあるかもしれない。しかし、それは違う。この研究のような大人数の結果を比較してこれだけの差があるということは、もの凄い違いを意味する。統計的に処理してみても大変な差があると結論できるのである。

さらに言えば、これらの値はたとえば、銀行の定期預金の複利の利率のようなものと考えていただきたい。複利の利率のわずかな差は年を経るにつれ、びっくりするほどの差となって現れるのだ。

両者の値の違いは、もし女→女というルートのみを経るとしたら、世代を経るごとにとんでもない差となって、つまりは子孫の数のとんでもない差となって現れるはずなのである。

ともあれ、これが男性同性愛遺伝子（一つとは限らない）が消え去らない最大の理由と考えられる。男性同性愛遺伝子が母方の女によく子を産ませる働きをするので、男性同性愛遺伝子が間接的によく残ってくる、ただそれだけのことだったというわけである。

あるいはこう言ってしまった方がいいだろう。

とにかく女の繁殖力を高める遺伝子があったとする。それが男に乗った場合には、彼を同性愛者にする確率を高め、子を残すうえで不利にするが、それは彼の母方の女における大いなる繁殖によって十分に相殺され、その遺伝子が残ってきている。そしてこの、女の繁殖力を高める遺伝子こそが、男性同性愛遺伝子の正体である……。

カンペリオ＝キアーニらがこの研究を発表したのは二〇〇四年だが、二〇〇八年になると彼らは数学者の協力を得て、理論モデルを発表している。

男性同性愛遺伝子を性染色体のXに一つ、常染色体のどこかにもう一つ存在すると仮定した理論モデルだ。数式だらけのその論文は、もはや私の理解の範囲を超え、皆さんに説明することができないのが残念だ。

カンペリオ＝キアーニらによるさらなる研究によれば、男性同性愛者の母方の女は、子をよく産むだけあって女性に特有の疾患にかかりにくいこともわかっている。

母方の女が妊娠しやすい!?

男性同性愛者の母方の女がよく子を産んでいる。この事実について単純に考えるなら、彼らの母方の女が妊娠しやすいということになるだろう。

妊娠しやすいとは、さらに言い換えれば、女性ホルモンの代表格である、エストラジオールのレヴェルが高いということかもしれない。

つまり、その影響が一族全体に及び、男の血縁者にも及んでいる(女性ホルモンは女だけが持っているのではなく、男も持っている。男性ホルモンについても同様だ)。

その一族の男は、男にしてはエストラジオールを始めとする女性ホルモンのレヴェルが高い。同性愛者であってもなくてもだ。同性愛者である場合にはより高く、その結果、胎児期に脳が十分に男性化せず、女性型に近くなる。そうして男の性フェロモンに対し、視床下部が興奮したり(つまり男に対し、性的に興奮したり)、女が得意とする言語能力の分野で優れていたり(早い話、よくしゃべる)、女が苦手とする空間認識の分野がやはり苦手である。そして肌がきめこまやかだったり(肌のきれいさは女性ホルモンの作用による)、フアッションのデザインやヘアメイク、編み物、お花、ダンスなど、女が好むものを好んだり、と何かと女性的な特徴を備えるに至っているのではないだろうか。ちなみに男性ダンサーのかなり多くは男性同性愛者であるという。

こうしてみるならば、男性同性愛遺伝子の正体とは、もはや女性ホルモンのレヴェルを高めることに関わっている遺伝子、と言い切ってもいいのかもしれないという気がしてくる。

同性愛の謎について探っていく過程で、私が再び確認させられたのは、人間は（他の動物もそうだが）一人で生きているのではないということである。血縁者とセットとなって生きており、行動しているのだ。

男性同性愛者の多くはこの本で紹介したように、家族と疎遠であり、疎遠どころか、縁さえ切れているかもしれない。

しかし一つだけ言えるのは、そういう状況にあっても、もしあなたが男性同性愛者であったとしたら、あなたの母方の女が、あなたの代わりにとてもよく繁殖してくれているはずだということである。カンペリオ＝キアーニらの研究には登場しなかったが、現在進行形としてはあなたの母方の、女のイトコや姪あたり、いや姉や妹も、今、繁殖の真っただ中にあり、着々とあなたの遺伝子のコピーを残してくれているということだ。その遺伝子の中には当然、男性同性愛に関わる遺伝子も含まれているはずなのである。

「ボヘミアン・ラプソディ」と母への愛

このように男性同性愛者の母方の女がよく子を産んでいるのなら、彼ら自身が母方の女、とりわけ母親に対し、特別大きな心を寄せていたとしても不思議ではないような気がする。

男の子が母親に抱く愛着の情は、ときにマザコンと言われるくらいに強く、大きなものである。けれども男性同性愛者にこのような深い事情があるのなら、彼らは母親に対し、もっと強く、大きな愛を抱いているのではないだろうか。

その顕著な現れと思われるのが、フレディ・マーキュリーの代表作、「ボヘミアン・ラプソディ」だ。クイーンのメンバーでさえ、よく意味がわからないという歌詞を何とか部分的に訳してみよう。あくまで一つの解釈である。

この曲のイントロではまず、「これは現実なのか、それともただのファンタジーなのか……」とこの先の衝撃的内容に対する予防線が張られる。

「どちらにしても風は吹くし、僕には関係ないんだけど」としたうえで、「ママ、人を殺してしまった」、「僕の人生は始まったばかりなのに……自分ですべてを捨てたんだ」、「ママ、あなたを嘆き悲しませるつもりはなかった。明日の今頃、もし僕が帰ってこなくても、いつもどおりの暮らしを続けて。何事もなかったかのように」と続く。

その後、「みんな、さようなら」、「君たちと離れ、真実に向き合うことにしたよ」などと宣言したあとで、オペラティックなセクションが始まる。

ご存じ「ガリレオ～、ガリレオ～」と叫んだあとでは、「僕はただの恵まれない少年、誰も僕を愛してくれない」、「彼は恵まれない家庭で育った、かわいそうな少年、このひどく変わった運命から彼の人生を救ってやれ」。

さらには「気ままに生きる僕を自由にしてくれるかい？」、「神の名において、だめだ、自由にするものか」、「彼を自由にしてやってくれ」、「だめだ、そうするわけにはいかない」というフレーズがかなり延々と続き、「ママミヤ、ママミヤ、僕を自由にして」、「魔王が僕に悪魔を遣わそうとしている、僕のために、僕のために、僕のために」。

そしてハードロックのセクションへと移り、

「それじゃ、僕に石を投げ、目に唾をはきかけるつもりか？」、「僕はこんなところからは出て行くぞ！」。

そして再びイントロ部分と同様、「どうでもいいことなんだ。わかる人にはわかっている」、「僕にとってどうでもいいことなんだ。どちらにせよ風は吹き続けるんだし」で終わる。

このような内容から、この歌は彼の、母親へ向けた、ゲイであることの告白であり、苦悩を綴ったものである。さらに、これまでの人生（特にバイセクシャルであったこと）と決別し、ゲイとして生きていくのだという決意表明なのだとする解釈がある。人を殺したというショッキングな内容は、これまでの自分を殺したことを意味するというのである。

こういう解釈は大いにありだと思う。実際、フレディが長年の恋人、メアリー・オースチンと別れ、ゲイの傾向が強まったのはこの時期なのだ。

そうだとするとゲイを母親に告白すること、その苦悩も決意も、母親に示すところこそがポイントになるのではないだろうか。

胎内への回帰を歌う

もう一つ、フレディが母への思いを綴った顕著な例は、「マザー・ラヴ」だ。一九九一年五月、彼が最後の力を振り絞り、録音したのがアルバム「メイド・イン・ヘブン」（一九九五年）に収められているこの曲である。

詩の内容はおおまかに言えば、死を迎えるにあたり、もはや情熱的な愛はいらない、ただやすらぎが欲しい、お母さん、あなたの体の中にもう一度僕を戻して、というものだ。

この曲のヴォーカルは最後にブライアン・メイに代わる。フレディとブライアンは交互に歌う曲がいくつかあるので、てっきりそういう演出かと思っていたら、違った。続きはまたの機会にと言い残したが、結局、スタジオに戻ることができなかったフレディの代わりにブライアンが歌ったのである。

そしてライヴ・エイドが行われた、ウェンブリー・スタジアムでの観客との掛け合いである、「Ay, Oh」、初期の頃の曲の歌声（それも「若かった頃に学んだことに戻って行くように思えるんだ」という歌詞）、赤ん坊の産声と続き、曲は終わる。フレディは無事に母の胎内に回帰した模様である。

フレディの母、ジャーさんは二〇一六年一一月に九四歳で亡くなったが、生前のインタビューで息子、フレディについてこう語っている。

「短い生涯でしたが、皆を幸せにしました」

その一語に尽きる。私も幸せにしてもらった一人だ。それどころか、一生治らないかもしれないと思っていた病が急速に快方に向かったのである。

実を言うと、私がクイーンとフレディの虜となったのは一九九五年のこと。何とフレディの死後なのだ。なぜそんなタイミングかと言うと、それを遡る七年ほど前から私は精神的に病み、うつ病を患っていた。大好きな音楽を聴く気力さえ失っていたのだが、この年の初めに、ふと、音楽を聴きたいと思うようになった。病状がやや回復の兆しを見せたのだろう。

そうして何を聴くべきか、と思いを巡らせたときに、「そうだ、私の世代ならクイーンではないか」と気がついたのである。それからはクイーンとフレディづけの日々となり、CD、関連本はもちろんのこと、ライヴのビデオ、はたまたカラオケのビデオまで購入してしまった。そうこうするうちに病状はかなり良くなっていったのである。

女性同性愛者の場合は？

カンペリオ＝キアーニらの研究をヒントにすることで、女性同性愛者の謎の一端が解けてくるかもしれない。即ち、彼女たちは、男性同性愛者の裏返しではないのか。

その家系においては父方の男が繁殖で活躍する。ということは男性ホルモンの代表格であるテストステロンのレヴェルが高く、当然男としての魅力にあふれ、女にモテる。そして生殖能力も高い。その影響が一族の女にも及び、女にしてはテストステロンのレヴェルが高く、従って胎児期に脳が男性に似たものになることが時々ある。長じては女に惹かれるようになり、男に特徴的な趣味、趣向を好むようになる……。実際、女性同性愛者の男役の方の人は、女にしてはテストステロンのレヴェルが高いという研究があるのである。

そしてこの場合にも男たちが繁殖で活躍することで、女性同性愛者の繁殖上の不利を十分に相殺している。

もしこの推論が正しいとすれば、女性同性愛者の場合にも、男性同性愛者と同じ結論に達することになるだろう。彼女たちもまた、血縁者とセットとなって行動し、生きているのである。

二〇一八年にはイギリス、エセックス大学のT・ワッツ（女性です）らが、女の一卵性双生児で、一方が同性愛者かバイセクシャルで、他方が異性愛者である、一八組について、指の長さを調べた。遺伝的にはまったく同じだが、胎児期のホルモン環境は違う可能性がある人々である。

すると、同性愛者、またはバイセクシャルである方が異性愛者よりも、女にしては薬指が人差し指に比べ長い傾向にあった。実は男性ホルモンのテストステロンは胎児期に薬指を伸ばし、人差し指の伸びを抑制する働きがある。つまり、女性同性愛者は異性愛者よりも、胎児期にテストステロンを多く浴びていることがわかるのだ。

このような証拠からも、女性同性愛者は父方のテストステロンのレヴェルが高い家系において出現しやすいと言えるだろう。そしてこのような家系では男が魅力的でモテるので、よく子を残している可能性が高いのだが、女と違い、男は子の数を正確に把握することが難しい。家庭外に子を残すこともあれば、いわゆる〝托卵〟によって他の男の子どもを育てさせられている可能性もあるからだ。よって女性同性愛者の父方の男がよく子を残している件については、可能性は高いが、不明である。

おわりに

私は同性愛者に対し、否定的な感情を抱いたことがない。なぜ人は陰でこそこそと「あの人、こっち系よ」などと囁くのかと不思議に思う。テレビなどで公然と笑いのネタにまでする人々に対しては、もはや怒りを通り越し、悲しく、哀れとさえ感じてしまう。

なぜ私が同性愛者に否定的感情を抱かないのか。それは既に触れたように思春期以降にこんな体験をしたからだと思う。私が大好きになり、凄いと敬服し、憧れる人になぜか男性同性愛者か、そう噂される人物が多かったのだ。

レオナルド・ダ・ヴィンチ、指揮者で作曲家のレナード・バーンスタイン、ポップ・アートのアンディ・ウォーホル、三島由紀夫、エルトン・ジョン、「クイーン」のフレディ・マーキュリー……。

これら錚々たる人物に対し、尊敬し、憧れこそすれ、否定的感情など芽生えるはずもなかった。私としては、同性愛者とは天才的能力を備えた人々と理解することから始まったのである（もっとも後に、そういう人々は同性愛者の中でも一部であることに気がつくのだが）。

大学で動物行動学を学ぶようになると、こんな疑問が湧いてきた。

同性愛者は子を残さないか、あるいはバイセクシャルとして子を残すケースがあるとしても、とにかくあまり子を残さない。この点においては異性愛者と比べ、自分の遺伝子のコピーを残すうえでかなり不利なはずだ。それなのにいつの時代にも必ず存在し、決して消え去ることはない。それはなぜなのか……。

この件については、一九七〇年代半ばから様々な仮説が提出され、紆余曲折を経て二〇〇四年に、ついに決定的とも言える仮説が登場したことは既に見てきた通りだ。

最近ではMRIやPETといった最新の医療技術を使い、男性異性愛者、男性同性愛者、女性異性愛者、女性同性愛者についての比較研究が行なわれるというところまで到達している。

そうして、ついにこの本を書く動機が高まったわけだが、書き進めるうちに様々な思いがよぎった。これらの研究について、同性愛者本人たちはどのように感じ、どのような受け止め方をするだろうか。学者が好き放題研究しているだけで自分たちとは関係ないこと、と思われるだろうか。それとも、研究がなされていること自体に嫌悪を感ずるだろうか。

いやまったく逆に、研究を歓迎し、結果に対し、大いに納得できるということなのか……（同性愛に関する研究者には、自身が同性愛者であるというケースが、キンゼイを始めとして大変多いわけだが）。

そこで数人の方にお話を聞かせていただく機会を、担当編集者につくってもらったのである（肝心なことを言い忘れていたが、私自身は異性愛者である）。

しかしながら、インタビューを受けてもいいですよ、と快諾してくれたほどの人だからということもあるのだろう。私の予想とはかなり違い、皆さん、自分という存在についてはとっくに自分なりに「解決がついている」という状態だった。生物学的に説明がなされたとしても、それで自分が変わるわけでもないし……などと。

しかしその解決の仕方について、私が驚愕し、感動したのは、ある男性同性愛者が彼なりに到達した、おおよそ次のような考えだった。この方については事前に得た情報で既に天才的な「切れ」を感じていた。ちなみにこの彼とは、テレビや雑誌で大活躍の女装家、ブルボンヌさんであるのだが、ともかく彼によれば、

「自分は、クルマのハンドルの遊びのような存在ではないだろうか。何かきちんとした機

能があるわけではないが、なければないで事故を起こしやすくなる。そういう意味ではなくてはならないものなのだ。自分のような存在が、一族の中にあってもいいのではないだろうか？」

この言葉を聞いて、はっとさせられた方もあるだろう。これはほとんどそのまま、この数十年をかけて研究者たちが到達した男性同性愛者の本質、そのものと言っても言い過ぎではないのだ。私がこのとき、のけぞるほどに驚いたことは、本書を読んで下さった皆さんにはわかっていただけると思う。

同性愛者たちは以前ほどには孤独ではなく、悩んでもいないという。インターネットなどによってどんどん仲間を見つけ、交流し、情報や意見をかわすことができる。とすれば意識を変え、本当のことを知らなければならないのは、異性愛者たちの方なのである。

同性愛とは、その事実だけを取り出してみると随分特殊なことのように感じられる。しかし実のところを言えば、家系ごとに存在する特徴の一つのようなものだ。

高血圧の家系や血糖値が高い家系がある。今の医学ではどちらもネガティヴなことのように捉えられているが、たとえば高血圧には本来、元気がよいとか、寝ていてもさっと起きてすぐに活動できるという利点がある。

血糖値が高い場合にも、やはり元気で活発だという利点があるだろう。

これらと同様に、女性ホルモンのレヴェルの高い家系というものもあるはずだ。女においては繁殖能力が高まり、よく子を産むが、男においてはときに同性愛者（バイセクシャルを含む）となって、子を残すうえで不利になる。しかし女たちがその不利を補ってくれる。これが男性同性愛者の家系の真実なのではあるまいか。

我々は、個々の人間にだけ注目していては何もわからない。家系のメンバーとしての個々の人間に着目すれば、気づかなかった本質が見えて来るのである。

謝辞

この本を書く過程で多くの方々にお力添えをいただきました。

まず、インタビューを快諾して下さった数人の同性愛者の方たち。この方々に会わなければ、私の同性愛者たちへの認識は彼ら自身のものとはだいぶかけ離れたままだったでしょう。改めてお礼申し上げます。

天からの力添えもあったような気がします。本書を書いていくうちに、故日高敏隆先生がよくおっしゃっていた、「タバコがないと原稿が書けない」の意味がわかったのです。先生は今も見守っていて下さるのだなあと思った次第。

旧版の出版にあたっては、当時の文藝春秋ノンフィクション局長、飯窪成幸氏、文春新書編集部副部長、石原修治氏に書き始めから完成までのいくつかの局面で様々な助言、励ましの言葉をいただきました。

増補改訂版の出版にあたっては、文藝春秋の諸局統括の飯窪成幸氏、文春新書編集長、前島篤志氏にお力添えをいただき、完成の運びとなりました。改めて関係者各位に感謝申し上げます。

平成三一年一月

竹内久美子

竹内久美子（たけうち　くみこ）
1956年愛知県生まれ。京都大学理学部卒業後、同大学院に進み、博士課程を経て著述業に。専攻は動物行動学。著書に『そんなバカな！』（第８回講談社出版文化賞科学出版賞受賞）、『遺伝子が解く！ 美人の身体』（以上、文春文庫）、『佐藤優さん、神は本当に存在するのですか？——宗教と科学のガチンコ対談』（佐藤優氏との共著、文藝春秋）、『女は男の指を見る』（新潮新書）、『「浮気」を「不倫」と呼ぶな——動物行動学で見る「日本型リベラル」考』（川村二郎氏との共著、ワック文庫）などがある。

文春新書

1209

フレディ・マーキュリーの恋《こい》
性《せい》と心《こころ》のパラドックス

2019年（平成31年）3月20日　第1刷発行

著　者　竹内久美子
発行者　飯窪成幸
発行所　株式会社 文藝春秋

〒102-8008　東京都千代田区紀尾井町3-23
電話（03）3265-1211（代表）

印刷所　大日本印刷
製本所　加藤製本

定価はカバーに表示してあります。
万一、落丁・乱丁の場合は小社製作部宛お送り下さい。
送料小社負担でお取替え致します。

ISBN978-4-16-661209-3

◆考えるヒント

◆こころと健康・医学

◆社会と暮らし

池上彰の宗教がわかれば世界が見える　池上　彰
池上彰の「ニュース、そこからですか!?」　池上　彰
池上彰のニュースから未来が見える　池上　彰
ニッポンの大問題　池上　彰
「社会調査」のウソ　谷岡一郎
はじめての部落問題　角岡伸彦
フェイスブックが危ない　守屋英一
臆病者のための裁判入門　橘　玲
食の戦争　鈴木宣弘
生命保険のカラクリ　岩瀬大輔
がん保険のカラクリ　岩瀬大輔
詐欺の帝王　溝口　敦
潜入ルポ　ヤクザの修羅場　鈴木智彦
潜入ルポ　東京タクシー運転手　矢貫　隆
ルポ　老人地獄　朝日新聞経済部
ルポ　税金地獄　朝日新聞経済部
日本の自殺　グループ一九八四年
女たちのサバイバル作戦　上野千鶴子
首都水没　土屋信行
日本人のここがカッコイイ!　加藤恭子編
あなたの隣のモンスター社員　石川弘子
ヘイトスピーチ　安田浩一
2020年マンション大崩壊　牧野知弘
女子御三家　桜蔭・女子学院・雙葉の秘密　矢野耕平
本物のカジノへ行こう!　松井政就
生き返るマンション、死ぬマンション　荻原博子
「意識高い系」の研究　古谷経衡
子供の貧困が日本を滅ぼす　日本財団　子どもの貧困対策チーム
児童相談所が子供を殺す　山脇由貴子
闇ウェブ　セキュリティ集団スプラウト
予言者　梅棹忠夫　東谷　暁
スマホ廃人　石川結貴
帰宅恐怖症　小林美智子
高齢ドライバー　所　正文・小長谷陽子・伊藤安海
感動の温泉宿100　石井宏子

文春新書のロングセラー

中野信子
サイコパス
クールに犯罪を遂行し、しかも罪悪感はゼロ。そんな「あの人」の脳には隠された秘密があった。最新の脳科学が解き明かす禁断の事実
1094

岩波　明
発達障害
『逃げ恥』の津崎、『風立ちぬ』の堀越、そしてあの人はなぜ「他人の気持ちがわからない」のか？　第一人者が症例と対策を講義する
1123

エドワード・ルトワック　奥山真司訳
戦争にチャンスを与えよ
「戦争は平和をもたらすためにある」「国連介入が戦争を長引かせる」といったリアルな戦略論で「トランプ」以後を読み解く
1120

近藤　誠
健康診断は受けてはいけない
職場で強制される健診。だが統計的に効果はなく、欧米には存在しない。むしろ過剰な医療介入を生み、寿命を縮めることを明かす
1117

佐藤愛子
それでもこの世は悪くなかった
ロクでもない人生でも、私は幸福だった。「自分でもワケのわからない」佐藤愛子ができ、幸福とは何かを悟るまで。初の語りおろし
1116

文藝春秋刊